最もシンプルで万能な頭の使い方

対比思考

小柴大輔
Daisuke Koshiba

ダイヤモンド社

はじめに

対比という最もシンプルで万能な頭の使い方

今の自分よりもう少し建設的に、クリエイティブになるために――。そのために必要なことは、不眠不休、一心不乱の努力?! 滝に打たれること?! ガンジス川で沐浴(もくよく)すること?! それら自体の崇高さは揺るぎませんが、そうではなく、思考の方法・思考のスタイルをもちましょう。これが本書の主題です。

これから社会人になる人、すでに社会で活躍しながらもっとキャリアアップしたい人、日々の学業や仕事で課題発見・課題解決をしたい人へ向けて、思考のスタイルの提案をしたいと考えています。

そうした知的好奇心をもつ方々へ、即効性もありつつ長期的に、また幅広く役立つ思考法を贈りたい。そのような思考法は事実あるのだから。これが本書を書いた私の動機です。

すでに書店には「思考法」について書かれた本がたくさん並んでします。本書で私が提示するものは、おそらくそれらを矛盾なく包括できる、あるいはそれらのベースになりうるものです。

その思考法は、一言でいえば〈対比という思考法〉です。本書全体を通して詳しく語りますが、シンプルでいて応用可能性の高い〝知のアイテム〟になります。

本書は、議論の中でアイディアを出す方法や、自分の意見を文章にまとめる方法、文章を正確に理解する方法などを広範に提示する本ですが、それを補強する豊かな教養につながる良書を紹介する役割も果たしています。合計約一〇〇冊の書籍のガイドにもなっています。しかも本を読む技術自体をも同じ〈対比という思考法〉でご案内しています。

これまたすでに「読書法」「読書術」を説く本は世に数多くあります。しかし、それらは本の活用法紹介で、抽象的な文章を読み砕き理解する方法は教えてくれないのが普通です。「そういうのは学校教育でやってるだろ」ということかもしれませんし、「書物の活用術」を書くほどの人にとっては、読解力はとっくに前提になっているのかもしれません。

ところが学校教育でも、文章の理解の仕方・読み方は教えてくれないのが実情です。ゆえに、本書では文章を読むスキルを不問の前提とはしないで、ちゃんと主要テーマとして解説します。

本書の見取り図

読者の皆さんに〈対比という思考法〉体得していただくために、本書は三部構成としました。

第1部は、基本編です。

普段から対比を意識している人は少ないでしょう。しかし、世の中を見渡せば、実はいたるところに対比が存在しています。広告、デザイン、芸術、漫画、アニメ、映画、文学、哲学、社会学、ビジネスなどに対比があります。さまざまな事例を紹介します。まずは対比になじみになりましょう。意識するだけで、物事の見え方がガラッと変わります。

第2部は、実践編です。

仕事、勉強、読書などに対比を活用する方法を提示します。知識人の講演や書籍、採用試験、入試の小論文などをケーススタディとして、〈対比という思考法〉を実践していきます。他者のアイディア発想の仕方がわかり、自分でもアイディアを自覚的に出せるようになります。また「読む」「聞く」「書く」「話す」が一気にロジカルになります。対比の威力を実感していただけるでしょう。

第3部は、発展編です。

対比を使って、さまざまな議論にチャレンジします。時事問題、ビジネスの事例、裁判、社会問題、日本と海外の比較といった具体例を用意しました。〈対比という思考法〉を使うことで、議論の争点が整理され、「説得力のある意見」や「スジの良いアイディア」の出し方を体得できるでしょう。

対比思考

最もシンプルで万能な
頭の使い方

目次

第3章　思考力を高める4タイプの対比

第2部

対比を仕事や勉強に取り入れる

第4章 対比で理解する技術――「読む力」「聞く力」を磨く

第5章 対比で伝える技術――「書く力」「話す力」を磨く

第3部 議論に強くなる対比思考

第6章 学術用語のメガネをかける——リバタリアニズムの議論

対比の中間で生まれた新しい考え方　208

対比思考で現状を打開する　217

第 1 部

なぜ対比は万能な思考法なのか？

RPGのステージを気持ちよくクリアするには、魔法の剣(つるぎ)など有効なアイテムが必要でした。同様に、リアルワールドで創発的に課題解決に参加していくためにも〝知のアイテム〟と呼べるような思考法が必要です。

大学以降の学問にも、ビジネスにも、社会問題にもあらかじめ一つの正解が用意されているわけではありません。ゆえに、そこに参加する人には「あなたの意見を言ってくれ」と求められます。

意見を出し、議論を通じて高めていくには、相応の知的技術、〝知のアイテム〟が必要になります。徒手空拳(としゅくうけん)では立ち行きません。

かつては「理論武装」などと表現されたかもしれませんが、もう少し軽やかに、しなやかに、スマートに行きたいですね。

それに汎用(はんよう)性の高い〝知のアイテム〟であれば、たくさんかかえこむ必要もなく身軽です。知識が増えるほど重く沈鬱(ちんうつ)な表情になったり、過度に攻撃的になったりするのは困りものです。

また「理論武装」が、凝り固まった「持論・自説」の鎧となって、自己防衛に汲々とするようでは、かっこよくありません。進歩や改善もありませんし、何より楽しくありません。むしろ自分の知は不完全で、ゆえにつねに学ぶ喜びに開かれていると思う方がかえってポジティブです。

私が提示したい〝知のアイテム〟はそうしたオープンマインドに貢献するものです。

これは「ありのままの自分」に満足することとも違いますし、自分の防衛のために他者を攻撃するのとも違います。

他者も活かし、自分も活かしましょう、そのための思考法はある、と私は考えています。

第1章

思考法という「型」が必要なわけ

優れた人ほど「型」を使って思考している

皆さんの周りで、あるいはメディア経由で知っている、輝くような仕事をなした方々はなぜそのようなことができたのでしょうか。生まれながらの独創的才能があったのでしょうか。早期からの幼児教育が功を奏したのでしょうか。そうしたものがあることを私は否定しませんが、自分にはそれがないからいたしかたないと嘆く必要はありません。

発想力を伸ばすには型があり、それは自ら学んで取得できるものです。すでに人口に膾炙した表現ですが、「型破り」のためにも「型」が必要です。決して「型なし」の自己流ではなく。

剣道にも空手にも日本舞踊にも歌舞伎にも型があります。棒をふりまわし、手足を突き出し、鬼の形相で「けんか殺法だ」「自由にやるぜ」といっても案外単純にしか体は動いてくれません。型を知ってこそ、あんな動き、こんな動きへと体が開かれていきます（酔拳（すいけん）でさえ、カンフーの型をふまえています）。

アイディア発想も同じです。「自由に考えていいよ」なんて言われても、全然浮かばなかったり、ありきたりの繰り返しになったりしがちです。そうならない思考の一つの型が〈対比という思考法〉です。

天才ピカソも「ゼロ」から創作していたわけではない

「独創性」にも、ふまえるべき先立つ型がある例をいくつか挙げたいと思います。

それこそ「独創性」で知られるパブロ・ルイス・ピカソ（スペイン 一八八一～一九七三）ですが、画家で美術教師であった父親の指導を受けています。美術学校にも通っています。デッサンというベーススキルをきっちり築きあげているわけです。一四歳くらいのピカソのデッサンを画集で見たことがありますが、それはそれは見事です。

本人いわく「ラファエロのように」描いていたそうです。先行する「型」があったのです。また、有名になってからも他の作家からの影響を貪欲に吸収しました。美術史家の高階秀爾（たかしなしゅうじ）さんによれば「ピカソほど他人の作品から影響を受けた画家は少ない」そうです（『近代絵画史 増補版（下巻）』中央公論新社）。

ピカソは「破壊することで創造する作家」「自分の生み出したものさえ壊す」とまで表現されますが、なにより先立つものをふまえ、昨日までの自分さえ自らの対比相手として乗り越えを試みたのです。ここには明らかに思考の型が、とりわけ〈対比という思考法〉があります。

本を読みすぎると「自分の考え」がなくなるのか？

哲学の世界でも、とりわけ「独創性」をもって鳴る人物に、アルトーア・ショーペンハウエル（ドイツ 一七八八〜一八六〇）とフリードリッヒ・ニーチェ（ドイツ 一八四四〜一九〇〇）がいます。

彼らはともに、自分の頭で思考することなく本を読みすぎると独創性がなくなるとの趣旨のことを書いています。

ですが、彼ら自身、モーレッツに本を読み、自らの思考スタイルを形成した哲学者です。古代ギリシャのプラトン以来の形而上学、理性主義をちゃんと読む。

『読書について』ショーペンハウエル 岩波書店

「読書は、他人にものを考えてもらうことである。他人の考えた過程を反復的にたどるにすぎない。」など読書家にはショックなことが書かれています。でも私たちの頭はソフトウェアを読み込むＰＣではありません。どうしたって考えながら読みますし、誤読だってします。どんどん読書しましょう。

ゼロからの独創ではなく、ふまえるべき思想、対決するべき思想をまず吸収したのです。

理学部数学科に進学した大学生は、フィールズ賞を獲り、自らの名を冠した、それこそ「独創的」な〝○○の定理〟を打ち立てようと夢想するはずです。哲学科に進んだ私も、私以前にはない「独創的」な学説によって哲学史の教科書に載ることを夢想しました。ですが、そのためにはまず哲学史を学び、先立つ偉大な哲人の言葉を理解することから始めなければなりません。数学も同様でしょう。

『この人を見よ』『反時代的考察』ニーチェ 岩波書店

「超人」思想で知られるニーチェは、大衆も嫌いですが、知識つめこみ型知識人も嫌いです。歴史の蓄積から学ぶといったことにも懐疑的です。『この人を見よ』は自伝ですから「オレ様を見ろ」です。第 1 章のタイトルは「なぜ私はこんなにも賢いのか」で、第 3 章は「なぜ私はこんなによい本を書くのか」です。

9割の人は「自分の意見を言葉で説明する方法」を学んでいない

日本の公教育では自分の意見を言う訓練をあまりしませんし、そもそも自分の意見と呼べるものを生み出す方法や「型」の学習がほぼありません。第3章で述べるように、バカロレアのために、論文の型、思考法の型を学ぶフランスとは対照的です。

教師が教科書を使って「正解」を講釈する一方通行の授業が明治時代以来、小中高の主流です。大学でさえ討論型講義は少数です。

一つの正解が用意された教育の仕方では、「自分で考える」よりも〝覚える〟こと〝試験対策〟が中心の学習になりがちです。この「正解」を教えることは、本書で力説する「思考の型」とはまったく別物であることに注意してください。

ノーベル物理学賞受賞者で、ユーモアあふれる科学エッセイ『ご冗談でしょう、ファインマンさん』の執筆者でもあるリチャード・ファインマン（アメリカ　一九一

『ご冗談でしょう、ファインマンさん』リチャード・ファインマン　岩波書店

本書は、多くの理系研究者が「良質な科学論入門書」として推奨する書籍です。また、稀代の物理学者ファインマンの生い立ちや研究の歩みがわかるだけでなく、人材を囲い込まないアメリカの大学や研究者社会の様子もわかります。続編も多数。どれも楽しく知的好奇心が発揮される実例に触れられます。

八～一九八八）によれば、覚えるべき「正解」を伝授する教育スタイルは「発展途上国の教育」です。

日本を代表する言語学者で慶應義塾大学名誉教授の鈴木孝夫（すずきたかお）さんも、『日本人はなぜ英語ができないか』と題する論考で同様の指摘をしています。すなわち、明治維新後しばらくならまだしも、今日に至るまで、英米の文化や技術を紹介するような英語学習をつづけているからダメで、日本のことを語る英語、自分で思考したことを発信できる英語学習になっていないことが問題と語っています。

本来、学問にもビジネスにも社会問題にも環境問題にも、一つの正解は用意されていません。こういうものを「海図なき航海に旅立つ Voyage without the chart」と言います。しかし、北極星が船乗りの導きになったのと同様に物事を考える上で指針になるものはあります。

私が本書で語ろうとしている思考の型は、「型」ではありながら一つの正解が用意できない事柄について、自分の意見と呼べるものを出す「型」なのです。

私は、大学受験の小論文や法科大学院（ロースクール）、司法試験予備試験のための教養小論文の指導において、自分の意見と呼べるものを生み出すアイディア発想法

『日本人はなぜ英語ができないか』鈴木孝夫 岩波書店

鈴木さんは、慶大医学部と文学部で学んだ社会言語学者です。自分のこと、日本のことを語る例として「参勤交代」とはどのような制度か英語で説明できなければダメだと語っています。ところで、この鈴木さんの意見に対する反論を書きなさいという小論文課題が慶大文学部で出題されています。

を構築し語ってきました。小論文にも（もちろん大論文にも）一つの正答はありません。

方法論を知らずに、説明力や文章力が伸びることはない

あらためて日本の公教育では、現代文の読み方の「型」の指導もありません。あるのは、朗読する、漢字を覚えるというレベルの「読み方」です。なんとかつて「国語」という科目名が本当に「読み方」だったのです。抽象的な文章の理解の仕方の指導ではありません。

文学と言語の研究者外山滋比古（とやましげひこ）さん（一九二三〜二〇二〇）は、『乱読のセレンディピティ』の中で「読む側があらかじめ知識をもっているときの読み方」を「アルファー読み」、「内容、意味がわからない文章の読み方」を「ベーター読み」として分類しています。そして、日本の国語教育が「アルファー読み」に圧倒的な力点をおいてきたことを批判しています。

すると未知な文章、とくに評論・論説文を読めるようになる「ベーター読み」の指導が、日本の公教育では不十分ということです。しかも奇妙なことに、文章を正しく

『乱読のセレンディピティ』外山滋比古 扶桑社

ショーペンハウエルの『読書について』とは対極にある読書論です。「専門バカ」「瑣末（さまつ）主義」に陥らない方法として、読み切らない自由もふくめた乱読が外山さんのおすすめです。そこに思いがけないことを発見する喜びがあると。また乱読にうってつけの入門テキストが新聞だと語ります。

理解する「型」の指導はあまりないまま、それでいて各自の感想を述べることは推奨されます。

教室での国語の授業を思い出してください。また事前指導も事後添削もなく、毎年読書感想文を書いていたことを思い出してください。意見ではなく感想ですから、それぞれでよく、対話的、討論的に高めていくこともありません。

もちろん優れた指導をなさっている先生もおられ、私は称賛を惜しみませんが、多くはありません。

つまり一方では、一つの正解を教える一方通行の授業を進めつつ、他方では、文章理解の型も自分の意見を出す型の指導もなく、散発的な感想の表出で済まされる傾向が強い。

そういえば、「意見」を言うとき、「オレ的には」「私的には」という前フリをよく聞きます。これは「意見」ではなく感想の呟き（つぶや）です。またネットの書き込みの多くが議論を高めることには貢献せず、それぞれの感情の吐露か相手への人格否定です。私たちがいかに意見を出す思考法をもっていないかの証左でありましょう。

当たり前だからこそ、どんな場面でも展開できる思考法

私が本書の中で一貫して提示する方法は〈対比という思考法〉です。〈対比〉は、決して初めて聞く言葉ではありませんね。

〈対比〉は、いたるところにあります。論説文も小説も対比、音楽も絵画もデザインも対比で構成されています。いたるところにありながら、意外なほど意識されていないものです。

当たり前すぎて見失うものがあります。これについて、『新約聖書』マタイ伝第七章三にあることばが印象的です。

「なぜ、兄弟の眼にある塵(ちり)を見ながら、自分の眼にある梁(はり)を認めないのか」。

通俗的には「人の振り見て我が振り直せ」です。

もう一つ、エドガー・アラン・ポー(アメリカの小説家 一八〇九～一八四九)の推理小説デュパンシリーズ『盗まれた手紙』(東京創元社)を紹介します。

「重要なものだから厳重に保管してあるはずだという相手の先入観があるとき、眼前に何気なく置いておくことが最高の秘匿方法だ」という話が出てきます。

はっきりとは意識されないままでありながら、自覚すると実にシャープな思考方法になるものが〈対比〉です。

ドイツの哲学者、テオドール・アドルノ（一九〇三～一九六九）は、『ミニマ・モラリア─傷ついた生活裡の省察』（法政大学出版局）の中で先の聖書の言葉をアレンジして、次のような印象的な言葉を記しています。

「きみの眼のなかの塵こそはこの上ない拡大鏡の役目をしているのだ」。

他人の眼の中に小さなゴミが入っていることを指摘できるくせに、自分の眼の中に柱みたいな大きなゴミがあることに気づかないのはどうしてだ、という警句を超えて、自分が持っていながら気づかないものが、ゴミでも先入観でもなく、自覚さえすれば転じて物事をクリアに見るメガネになるのだ、そのようにアドルノは語っているのです。

本書で語る〈対比という思考法〉も眼の中にある〈拡大鏡〉なのです。（※アドルノのことばは、凡俗な人は自分の凡俗な考え方のゆえに偉大な人物の些細(ささい)なミス

テイクに気づけるというあまり芳しくない意味もあるようです）

アドルノは私の大学院時代の指導教授の、そのまた師匠であるため、勝手に親近感を感じています。

対比を思考方法として自覚的に使っている例に文化人類学（イギリスでは社会人類学）と社会学があります。

とくに社会学史にその名を刻むエミール・デュルケーム（フランス　一八五八～一九一七）は自殺の社会学的研究で知られていますが、その方法論が対比による比較社会学です。自然科学のように仮説を裏付ける実験ができない、特に再現実験ができない社会科学が学問としての科学性をそなえるために、比較社会学というあり方を提唱しました。

自殺の研究では、プロテスタント文化圏の方がカトリック文化圏より自殺率が有意に高いこと、およびその原因についての仮説を提示しています。

比較社会学とは?

異なる社会集団の特徴を分析するとき、統計資料を通じた比較を主な方法として用いる社会学。たとえば喫煙率の男女差、自殺率の男女差、育児休業取得率の男女差、議員の男女比率などの統計分析から、それぞれの社会のジェンダーについて比較考察できます。

「意見を出せる人」が重宝される

先に自分の意見を出すことと、「ありのままの自分」に満足することとは違うと書きました。本書で語る〈対比という思考法〉は、特別ではなく案外ありふれていながら、自覚されていない思考方法です。だからといって「ありのままの自分」でいいよということにはなりません。

そもそも原点回帰できるような「素の自分」というものが、はたしてあるのでしょうか。「内なる心の声を聞け」というたぐいの言説に私たちは本当に癒されているのでしょうか。「本当の私」探しに疲れていませんか。それは「ありのままの自分」という幻想に囚われているのではないでしょうか。

それでいて、学校でも会社でも街中でも私たちは「素の自分」をさらすことを恐れているのではないでしょうか。

つまり本当のところ、あるのかないのか定かではない「素の自分・ありのままの自分」を求めながら、それに疲労し、しかも仮に「素の自分」らしきものを知ったとしても、それを他者に知られることには尻込みするという奇妙なことが起きていませんか。

例えば、「自分の意見」「自分の考え」を語ったときに、嘲笑されたり、否定されたりしないかと怖れる心理です。

でも、本書で語るように「本当の自分・ありのままの自分」の考えかどうかとは関係なく、意見は出せますし、学問でもビジネスでも社会問題でも、「意見を出す役」を果たすことが求められているはずです。

役割として、仮説的に意見を出しているという自覚があれば、否定されてもめげたり、烈火のごとく怒ったりする必要もありません。すでに役を果たしているのです。

さてこれから具体的に詳しく説明していく〈対比という思考法〉は、アドホック（場当たり的）ではなく、一貫した、しかもシンプルな思考方法です。

まず、柔軟なアイディア発想法になります。また、「書く」「読む」「話す」「聴く」という、いわば日本語四技能のベースメントになるものです。

そこから、就職や転職、大学や大学院入試でのエントリーシートの書き方に応用で

『サピエンス全史』ユヴァル・ノア・ハラリ 河出書房新社

筆者によれば「ありのままの自分に従え」は近代以降登場した考えです。それは「ありのままの欲望肯定」が資本主義と相性がいい考え方だからです。ほぼ全CMが「我慢なんてやめて、今すぐ欲望のまま、この商品を買おう」というサブメッセージで貫かれていますよね。近代以前なら自然やムラ社会の制約がありましたから。

きます。また、面接での応答に応用できます。起業して融資や契約を勝ち取るプレゼンに応用できます。レポートや論文や企画書制作に応用できます。ミーティングやディスカッションで自分の意見を出すことに応用できます。難解な書物にも挑める読書力に応用できます。

「ありのまま」を肯定したい日本人の心理

政治学者丸山真男氏（1914～1996）は、日本人の「ありのまま」の欲望肯定には善行や徳をきどった偽善とみなす考えがあると指摘します。そのため、悪ぶるくらいが「本音で生きててイイね」と世間で信頼される条件だったと、「偽善のすすめ」（『思想の言葉Ⅰ「思想」1962-1989』岩波書店）で語っています。

第2章

対比を意識するだけで、世界の見え方が180度変わる

対比はいたるところにある

対比はいたるところにあります。とりわけ、人間が生み出した表現にはほぼ例外なく対比を見つけることができます。
小説にも論説にも、美術、音楽、映画、建築、料理にも対比があり、それなしには表現は成り立たないと言えるほどです。

小説・物語文には、主役と敵役と脇役などの対比が登場します。作者は、それぞれの「キャラクター設定」をして、メリハリをつけてストーリー展開をします。独白のような哲学的小説でも、「内省的なキャラ」という設定があり、社会や世間と自分との対比、かつての自分といまの自分との対比などが出てきます。舞台やドラマなら服装や身なりもキャラで分けられています。一人称になにを用いるかでもキャラ設定がされています。「オレ」「オラ」「オイラ」「わい」「わし」「あたい」「わたくし」などなど。

創作が乗ってくると「キャラが勝手にうごきだす、しゃべりだす」などと作家さんたちがよく言います。それはまさに対比的な役・キャラが設定されているからこそです。これは現実のディベートやディスカッションでも応用できます。後で詳しく説明しますが、ロールプレイなのです。

私も小論文の指導者として役を果たすべく振る舞っています。講義中は、身振り手振りもまじえ、ユーモアもまじえ、爆笑してくれなくても心では笑ってくれているはずだと前向きに、しゃべりまくっています。

その姿は、私の親が見ても驚くでしょうし、小中高校のころの先生が見ても、「小柴くんってそんな人だっけ?!」と首をかしげるほどのしゃべくりキャラです。私の「ホントウの人格」がどうであるかなど関係なく、仕事で求められる役割を果たしている、演じているのです。バーで飲んでいるときの私、家で過ごしているときの私は、それとはまるで別の人です。

具体的な登場人物がいる小説以外にも、評論・論説にも主役と敵役があります。これは第４章で詳しく説明しますので、ここではあえて文章以外の対比を紹介しましょう。

対比でアートの見え方が変わる

一幅（いっぷく）の絵画は、主要モチーフと背景との対比になっています。また、色彩のコントラスト（対比・対照）があるでしょう。さらに、その「一幅の絵画」は単に単独作品としてそこにあるのみならず、世間の常識と対峙しているのかもしれません。美術史上の先立つ作品をふまえて変形をこころみているのかもしれません。前作の自分との対峙・対比かもしれません。また、ポリシーの異なる流派へのアンチテーゼかもしれません。一つの美術作品を見るとき、そうした対比で思考することで見えてくるものがたくさんあります。

シュールレアリスムの作家たちの多くは、先行するダダイズムの参加者でした。しかし、そこから吸収できることは吸収し、蝶がサナギから脱皮するようにダダとは異なる発展をしたのです。

ダダイズム

どんな芸術のオリジナリティも先立つものをふまえた変形といえますが、ダダイズムはとくに先行するものや前提になるものへの攻撃・否定・反抗・抵抗を特徴とする芸術運動です。政治的には第一次世界大戦への反抗です。デュシャン、ダリ、マン・レイなどがメンバーとされています。

したがって、シュールレアリスムの特徴を理解するには、ダダとの対比において理解しなければ十分ではないでしょう。

そしてそのダダも、もともと既成の芸術観を批判し、乗り越えようとする運動だったわけです。

詩人は対比的に観察する

二〇世紀初頭の「未来派」と呼ばれる絵画運動に大きな影響を及ぼしたイタリアの詩人、フィリッポ・トマソ・マリネッティ（一八七六～一九四四）は、時代の先端技術の粋を集めたレーシングカーを評して「〝サモトラケのニケ〟より美しい」と書きました。

実に鮮烈な対比です。競走用自動車の機械としての造形美について数百語を費やす以上の、目の覚めるようなインパクトがこの対比にはあります。

〝サモトラケのニケ〟とは、一八六三年にエーゲ海のサモトラケ島で発見された古代ギリシャの大理石像です。ニケは、翼のある若い女性の姿をした勝利の女神です。現在は、ルーヴル美術館に所蔵されています。頭部と二本の腕は失われていますが、造

シュールレアリスム
一般には夢のような非現実の世界を描くというイメージですが、自覚的な理性によらない無意識からものごとの真相を描こうと試みる、方法論重視の芸術運動です。理性中心主義が西欧近代の主流ですからそれを超越しようとする試みとも言えます。ブルトン、マグリット、マックス・エルンスト、ダリなどがメンバー。

形美の極致といった存在感をもっています。

関連で〝ミロのビーナス〟にもふれましょう。こちらは一八二〇年にやはりエーゲ海のミロ島（メロス島）で発見された大理石像です。現在はこちらもルーヴル美術館に所蔵されています。言うまでもなく美の女神ですが、ミロ島で発見されたこの像は、頭部はありますが二本の腕が失われています。芥川賞作家で詩人の清岡卓行（一九二二〜二〇〇六）さんは『手の変幻』（美術出版社）というエッセイの中で次のように語っています。

「彼女がこんなにも魅惑的であるためには、両腕を失っていなければならなかったのだ」と。

通常なら欠けたところのない、完全無欠さこそ美しさの条件と見なすところを、逆説的なことに、「ない」ことによる夢のような美の実現に清岡さんは感動しているのです。

もう少し一般的な言い方をすれば、〝何も足さない、何も引かない完結した美学〟がある一方で、〝引き算の美学〟があるということでしょう。〝足し算の美学〟との対比でもあります。ミロのビーナスが二本の腕を欠いたかたちで発見されたことは偶然で、制作者のあずかり知らないことがらでしょう。しかし私たちはここから「ないことの美」という対比的思考を見出すことができます。
いずれにせよ、詩人の意外な言語表現もまた天啓ではなく、対比的な思考から生み出されているようです。

ゼロからの発想ではなく、アイディアが天から降ってくるのを待つのでもなく、対比を想定すると発見できるものがあります。また何と対比するかによって、目の前にあるものの見え方が変わってきます。

あらためて、シュールレアリスム運動に参加したロートレアモン（フランスの詩人一八四六～一八七〇）の有名な言葉が思い出されます。
「解剖台の上の、ミシンとこうもり傘との出会い」です。
普通なら、解剖台にそんなものは置かないという一般常識との対比があります。加えて、ミシンとこうもり傘という意外な対比があります。

ハーバード・ビジネススクール教授として有名なクレイトン・クリステンセンは「イノベーション」を定義して「一見、関係なさそうな事柄を結びつける思考」として表現しています。一般論との対比が、経営やビジネスにおけるブレークスルーになります。

あることをめぐって意見を求められたとき、ただちに自分の意見を出さなきゃ、とあせらず、それをめぐる一般論は何か、常識的にはどんな考えがあるか、まずそちらを設定してから、さあどんな対比をつくって自分の意見とするか模索します。

一流デザイナーの対比目線

美術の一種であるデザインにも、そのできあがった作品一つひとつに色彩的な対比や造型的対比がありますが、デザインを生み出す発想法にもやはり対比が効いています。

今世界でも注目を集めるデザイナーに、ｎｅｎｄｏを主催する佐藤オオキさんがいます。その佐藤さんが「デザイン目線」で問題解決を提唱する本が『問題解決ラボ』です。

その「デザイン目線」は、対比目線と言ってもよいくらいにいくつもの対比キーワードから構成されています。

例を挙げると、「一歩前へ⇅半歩前へ」「凝視・中心視⇅ボヤッと見る・周辺

『問題解決ラボ』佐藤オオキ　ダイヤモンド社

エステーの「自動でシュパッと消臭プラグ」ほか多数の実践例が紹介されています。また佐藤さんによれば「思いついたらまず言ってみる。すると、それを聞いた誰かが、自分の思いつきを膨らましてくれるかもしれません。恥ずかしいという思いは禁物」。これは本書の第８章での議論の仕方と共通です。

視」「キレ⇅コク」「ポジ⇅ネガ」「図⇅地」「他人ごと⇅他者の立場になる憑依力」「右脳⇅左脳」「リニューアル⇅リデザイン」「主役⇅脇役」「点と線と面」「ワガママ⇅コダワリ」「どう見られているか⇅どう見られたいか」「職人型⇅発想型」「自由にやるとは、好きにやるではなく、正攻法をふまえた上での別解だ」などです。

佐藤さんは、自作のデザインをいくつも例示しながら、それがどんな対比的発想から導かれたのかを語っています。しかも、そうした対比的発想法がデザイン以外の領域でも有効であることを示唆しています。私もまったく同感です。

クラシックもロックも対比でできている

さて、音楽も対比です。一曲の作品は主旋律（メロディ・主調）と副旋律あるいはカウンターメロディ・対旋律・オブリガート・通奏低音から構成されます。またテノールとカウンターテノールなどの対比もあります。

私の妻は、ピアノ講師の資格をもっており、学生時代にちゃんと音楽理論を学んでいます。そこで、「音楽って対比でできているよね」と尋ねたところ、「え?! そんなふうに考えたことない」とちょっとけげんそうに言ったあと、「そういえば、フォルティシモとピアニシモ、クレッシェンドとデクレッシェンド、不完全小節と完全小節、長音階と短音階、男声と女声……あぁ、あるあるおもしろーい」と喜んでくれました。これまた我が意を得たりです。

さらに、美術作品と同様に、ある一曲は、それ自体で完結しているのではなく、音楽史の中で、あるいは自身の歩みの中で、先立つものとの対比を構成すると考えられ

『猫とロボットとモーツァルト』土屋 賢二 勁草書房

土屋さんは、お茶の水女子大の文教育学部長まで務め、また数々のユーモアエッセイ、『われ笑う、ゆえにわれあり』（文藝春秋）などで知られる哲学者です。『猫と〜』では「芸術と科学」「芸術と服飾デザイン」「素人の楽しみ方とプロの楽しみ方」などの対比を立てて芸術の特徴を語っています。

ます。

日本でただ一人、〝笑いのとれる哲学者〟として知られる土屋賢二さんは、『猫とロボットとモーツァルト』の中で先立つものの変形が芸術の必然的な性格であること、ゆえに芸術には終わりがないことについて語っています。

土屋さんは、バッハ（ドイツ 一六八五〜一七五〇）が傑作を世に出してもそれで創作をやめないという例を紹介しています。創作が対比を通じた終わりなき探究であることがわかります。これは作曲以外にもおよそアイディア発想に終わりはないことを示唆しています。

もう一つ、クラシック以外の事例を紹介しましょう。イギリスの伝説的ロックバンド、ザ・ローリング・ストーンズのギタリスト、キース・リチャーズの話です。そのギター演奏の「独創性」やユニークさで知られるキース・リチャーズですが、先立つモデルがあったようです。

耳コピーできるほどアメリカのレコードを聞きまくり、とりわけギター・テクでは、スコッティ・ムーア（エルヴィス・プレスリーのバック・ギタリスト）やジミー・リード（アメリカのブルースシンガー、ギタリスト）をモデルとしたと自伝『ライフ』の中で回想しています。ゼロからの独創ではなく、ふまえるべきモデルを

『ライフ』キース・リチャーズ 楓書店

ミック・ジャガーの『ワイルド・ライフ』（ヤマハミュージックメディア）との読み合わせがオススメ。同じ出来事をどう見ていたか対比的にわかります。ジャガーはザ・ローリング・ストーンズ結成後もLSE（ロンドン・スクール・オブ・エコノミクス）の学生を続けました。トマ・ピケティも卒業生の名門です。

見つけ、模倣し対峙してオリジナルを創っていったわけです。ここにも対比的思考があります。

日本では大滝詠一氏（一九四八〜二〇一三）に触れないわけにはいきません。一人の表現者であると同時に、自らがいなかる歴史的前提の中で今の音楽活動をしているのかに自覚的な稀代のクリエーターでした。

この「大きな前提をふまえた今」という対比から「分母・分子論」が生まれたと言えるでしょう。一音楽作品あるいは一つのトレンド（分子）がそれ自体としてあるのではなく、ベースメント、大きな前史（分母）を背景としているということです。

例えば、八〇年代日本のポップ音楽は、戦後日本の音楽史を分母とする分子です。その戦後日本の音楽は、アメリカの二〇世紀音楽史（カントリー、ジャズ、ロック、ブルースなど）を分母としています。これも対比的な思考です。

大滝詠一

「はっぴいえんど」（細野晴臣・松本隆・鈴木茂）のメンバー。ソロでは『A LONG VACATION』（1981年）が第23回レコード大賞ベスト・アルバム賞。広大無辺な“音楽地図”の中で自分の仕事の位置を理解している稀有なアーティストで、実際に地図マニア・GPSマニアを自認しています。

対比から生まれたビジネス

コピーライターであり、広告関連のエグゼクティブディレクターである、小霜和也（こしもかずや）さんも、『ここらで広告コピーの本当の話をします。』の中で対比的思考によって自らの仕事をなしていることを語ってくれています。

すなわち、コピーライターが書くのは、カテゴリーではなく商品のコピーだと力説しています。

例えば「水・ウォーターサーバー」一般のコピーではなく「サントリー天然水サーバー」のコピーを書くのだと。そのためには、対象商品の具体的な情報と競合他社の商品との違い＝ＵＳＰ（Unique Selling Proposition）をふまえて競合優位性を表現することになります。

非常に具体的な対比を設定して、次々とアイディアの提案をしているわけです。

『ここらで広告コピーの本当の話をします。』小霜和也 宣伝会議

「サントリー天然水サーバー」のキャッチコピーは「わが家は南アルプスです。」です。また小霜さんは、会議や打ち合わせでは「『最初の発言は自分がする』と決めてもいい。うまくいけば、自分の発言が基準となって打ち合せが進み、そこから何かが生まれるかもしれません」と語っています。

そういえば、アップルの創業者スティーブ・ジョブズ（一九五五〜二〇一一）の、あまりに有名なことばも対比ですね。"Think different" です。これは、競合他社と違うことを考えろ、ということでしょうし、さらには過去の自社の成功例とは違ったことを考えろ、ということでもあるでしょう。そうでないと斬新さ・創発性が失われる、守りに入ってしまうということでしょう。今までうまくいった事例からも離れるのですから、stay foolish であるわけですね。前例踏襲と自己の無謬性（自己の誤りを認めない）のために知恵を絞る小賢しさとは縁がないのです。

せっかくもっている知性と時間というリソースをどこに注ぐのかによって、成果は違ったものになるのです。つまり、経営や商品開発にも対比的思考が効いています。前例のない発想は、実は前例を対比的に乗り越える発想なのです。思いつきでも神の啓示でもないのです。

医療の世界にあふれる「反対言葉」

次に医療分野の例を挙げましょう。基幹病院の内科医部長を経て、今はホスピスケアの診療所を営む徳永進（とくながすすむ）医師が『どちらであっても 臨床は反対言葉の群生地』という本を出されています。「反対言葉」という表現で、臨床の世界を対比的に語っています。

医療目線は対比目線だと解釈できるでしょう。

例えば、「生きると死ぬ」「行くぞと頼む」「呼気と吸気」「大きな問題と小さな問題」「キュアとケア」「エビデンスとナラティブ」「意志と流動」「鬼手と仏心」「コミュニケーションとディスコミュニケーション」「プラス言葉とマイナス言葉」です。

医療現場つまり臨床では、あらかじめこの道しかないという断定ではなく、こういった対比的な思考が求められるということでしょう。

しかも、単なる二者択一ではなく、二極のキーワードを設定して思考の幅を広げ、

『どちらであっても　臨床は反対言葉の群生地』徳永進 岩波書店
ドクターの中には、『がんばらない』で知られる鎌田實（かまたみのる）さんや日野原重明（ひのはらしげあき）さんのように含蓄深い見事なエッセイを書く方がおられますが、徳永さんもその一人です。

個々の患者さんの差異、特別さも視野に入れて、道を探る、ときに中間を行く、ときに両方を採る試みをするのではないでしょうか。

例えば「キュアとケア」も、医師の役割は「治し・キュア・cure」だから「癒し・ケア・care」は看護師任せでよいとは思えません。ラテン語の curare はキュアとケアの両方の意味をもっています。

近代語でもドイツ語なら kurieren が両方の意味をもっています。漢字でも「医」の旧字体「醫」も「医＝矢を射る・手のわざ」「殳＝役立つ・奉仕」「酉＝酒・癒し・神に酒を奉げて祈る」から成る複合的なものです。

他にも対比的な医療キーワードがあります。「ＱＯＬ（クオリティ・オブ・ライフ／生活の質）」と「ＳＯＬ（サンクティティ・オブ・ライフ／生命の尊厳）」です。価値観は多様で、その人が望む医療の選択ができるようにインフォームド・コンセント、インフォームド・チョイスを実現することと、本人の意思決定を超えて、生命そのものの価値と尊厳を守ろうとすること。これらはときに矛盾・対立することもありますが、どちらかを一方的によしとすることはできません。

その都度その対比の中で妥当と考えられることを医療者と患者とで模索し決定していく。昨年考えたから今年は考えなくてもよいということにはならない。あの患者のときに考えたからこの患者では考えなくてもよいということにはならない。不断の模索ということになるでしょう。

第3章

思考力を高める4タイプの対比

1 対極的対比
正反対にあるものに目を向ける

この章では対比の種類について見ていきます。一口に対比と言っても主観と客観、正義と悪、文明と野蛮、物質と精神、人工と自然といった大きな正反対の対比、つまり対極的対比もあれば、理性と知性、知識と知恵、伝統と因習のような、似て非なる小さな対比というものもあります。

第5章でも詳しく取り上げますが、自分自身を語る（例えばエントリーシートなど）、自分の考えを語る（会議や企画書など）適切な表現を見つけるためにも、いくつかの対比を設定してみるとよいですよ。自分自身を語ること、自分の〝売り〟がなんであるかも決して自明なことではないのです。対比的手続きを踏んでアイディアや最適な表現を見つけましょう。

ラグビーでたとえると、密集からスクラムハーフ（チームの司令塔と呼ばれるポジション）がボールを出し、大きくバックスに展開するイメージです。右や左に大きく振って、グラウンドを目一杯広く使って、ボールをつなぐ。アイディア発想で正反対、対極を想定し、ことばをつなげていく。それによって、「トライ」をあげる、つまり課題のブレークスルーを目指す。

私が日頃指導している大学入試の小論文では、たびたび「日本の文化」がテーマとなりますが、自分自身が住んでいるからこそ自覚的に把握して表現することが難しかったりします。

そこで、海外の文化と対比させて考えることで、日本文化の特徴を明らかにすることができます。例えば、食文化の違い、住居の違い、宗教の違い、というように対比でアイディアを広げていくのです。

自分の個性も、自社の強みも、自分のコミュニティの特徴も同様です。テレビ番組の『秘密のケンミンＳＨＯＷ』も、県民性を比較するからこそ発見があるのです。

他にも、小論文で頻繁に登場するテーマとして「情報化社会」が挙げられます。

これも同様に、情報化以前、コンピューター・ネットワーク以前の社会と対比させることで、情報化社会の特徴を明らかにすることができるのです。

ホッブス、ルソーの「社会契約説」を対極的対比で理解する

さらに、いわゆる「社会契約説」も対極的対比という思考から生まれています。トマス・ホッブス（イギリスの思想家 一五八八～一六七九）やジャン＝ジャック・ルソー（フランスの思想家 一七一二～一七七八）は、社会とは何か、あるいは社会はいかにして可能か、という問いを立てました。

これに応える知的作業として、「社会以前の自然状態」というものを仮想しました。対極的対比ですね。そしてそこから「社会契約」という思想を展開しました。

ただし、ホッブスもルソーも、それぞれが考える「自然状態」には少し違いがあります。ホッブスは「万人の万人に対する闘争状態」という「自然状態」を想定し、ルソーは、各自が気ままに暮らす平和的な「自然状態」を想定しました。そのため、「社会契約」のあり方もそれぞれ違いがあります。

肝心なことですが、「社会」を考えるための「社会以前の自然状態」は知的な作業仮説です。おそらく実在しない状態です。今、世界中の人間を見てもなんらかの社会に属しています。私自身、生まれたときからすでにつねに地域コミュニティなり、日

『社会学史』大澤真幸 講談社

筆者によれば「いかにして社会は可能か」という問題提起を「ホッブズ問題」と呼びます。米国の社会学者タルコット・パーソンズ（1902～1979）の命名です。ちなみに、英国のマーガレット・サッチャー（1925～2013）は、首相時代に「社会は存在しない。あるのは個人とその家族だけだ」と発言しています。

本社会なりの一員です。

歴史的にも例えば、石器時代にもなんらかの社会と呼べる共同生活があった。進化史的に人間＝ホモサピエンスに先立つゴリラやチンパンジーのような類人猿、サルのような霊長類にも社会があります。

イタリアの脳科学者ジャコモ・リゾラッティは、一九九〇年代、他者への共感と利他性に関わる「ミラーニューロン」と命名されることになる脳神経細胞を発見しました。他者の行動を鏡に映したようにトレースする脳神経です。しかも人間の脳だけでなくサルの脳にもミラーニューロンがあります。そもそもの発見がマカクサルというサルです。

古代ギリシャのアリストテレス（前三八四～前三二二）は、人間を「ゾーン・ポリティコン＝ポリス的動物・社会的動物」と定義しましたが、現代の医学生理学サイドから見ても人間および霊長類は社会性をもちます。人間は〝つねにすでに〟社会的な生き物です。

それにもかかわらず、いやそれだからこそ、「社会以前の自然状態」という対極にまで発想という思考のボールを飛ばし、「自然状態＝万人の万人に対する闘争状態」（ホッブスの場合）から、秩序の形成、社会契約にいたる言葉を紡ぎ出しています。

『ミラーニューロン』ジャコモ・リゾラッティ他 紀伊國屋書店

他者の行動を鏡のようにトレースするミラーニューロン発見がもつ画期的意味については、日本の脳科学者、茂木健一郎さんも『化粧する脳』（集英社新書）で書いておられます。脳単体の機能分類の研究から他者とつながる脳の社会的知性への研究のターニングポイントです。

対極的対比で凝り固まった視点から脱出する

こうした対極的対比を想定してアイディア発想することは、ビジネスや学業でも応用できそうです。今取り組んでいる課題について、それだけを凝視するのではなく、正反対の対比をぶつけてみると突破口が見つかるかもしれません。例えば、新たな企画を提案する際、ゼミでの討論で……。

ガリガリ君でおなじみの赤城乳業の発想法

意外性のある氷菓子を発売する「赤城乳業」の例を考えてみましょう。主力商品の『ガリガリ君』（一九八一年発売）は、対比的アイディア発想という点から興味深いものがあります。ご存じのとおりソーダ味が基本形ですが、これまでに「リッチコーンポタージュ」（二〇一二年発売）など意外な発想力でヒットを生んでいます。

アイスキャンデーの起源自体が飲み物を凍らせてスティックを挿したものですから、冷たい飲み物であるソーダが味の基本ベースであることは不思議ではありません。オレンジ味やグレープ味などフルーツ系フレーバーもそうしたドリンクがありますから、アイスキャンデーのバリエーションとしては定番と言えます。

ところが、「コーンポタージュ味」となると、飲み物ではなくスプーンですくう食べ物ですし、ふつう温かいものです。したがって、これをアイスにするのは相当な意外性です。

それでもいくつかの類縁はあります。まず、冷製スープなどが存在すること。また、アイスキャンデー以前のかき氷はスプーンで食べていたということ。この類比（似たものとの比較！）ゆえに、つまり単なる当てずっぽうではなく、ぎりぎりセーフを狙ったのではないでしょうか。

ラグビーで言えば、ぎりぎりライン内でプレー続行ということでしょう。事実、ヒット商品になったわけですから、トライに成功したわけです。第2章でもふれた、ハーバード・ビジネススクールのクレイトン・クリステンセン教授のイノベーションの定義「一見、関係のなさそうな事柄を結び付ける」思考を想起させます。

ただし「リッチナポリタン味」（二〇一四年発売）では3億円の赤字を出したそう

です。「冷製パスタ・冷やしラーメン」が存在するとはいえ……意外性という対極的対比の落としどころを考えさせられる事例ですね。

ともあれ赤城乳業のキャッチフレーズは「あそびましょ」です。もちろん、先に見た意外性ある商品開発が「たわむれ・いたずら」だったはずはありません。無目的な、あるいは自己目的的な遊戯ではなく、常識や過去の成功事例・定番から〝距離を置いた〟ということでしょう。

「遊」は、「遊離・遊学・宇宙遊泳」からもわかるように、〝もともといたところから離れる〟ことが原義です。宇宙遊泳は母船やステーションから離れているから遊泳であって、たわむれどころか高度なミッションの最中です。したがって、赤城乳業の「あそびましょ」は、私には鮮明な対比宣言に見えます。

作品の隠れたテーマが見えてくる

手塚治虫、松本零士、庵野秀明による人間の描き方

別の例を出しましょう。日本を代表する漫画家、手塚治虫（てづかおさむ）（一九二八～一九八九）の画業は、人間とは対極的なものを描くことを通して人間とは何かを考えさせるものであったとよく指摘されます。『鉄腕アトム』のアトムは人間ではありません。人工頭脳をもった機械・ロボットですね。フレンドリーで自己犠牲を厭（いと）わず社会貢献する「人間らしい」ロボットを描くことを通じて、では「人間とは何者か」を考えさせるストーリーと解釈できます。

『ジャングル大帝』のレオは人間ではありません。百獣の王と呼ぶにふさわしい気高きライオンです。これまた献身的で動物種を超えた指導力や統率力をもつ、ある種「人間的」なレオを描くことで、では「人間とは何者か」を考えさせる物語と解釈す

ることができます。

『火の鳥』は不死がテーマで、これに対する有限な人間の業と有限ゆえの幸福や価値を描いています。松本零士の『銀河鉄道９９９』も機械の体と永遠の命を、生身の有限な人間に対置させています。

映画『シン・ゴジラ』（庵野秀明監督 二〇一六年）はゴジラを対置することで現代の日本や日本政府の危機管理能力を浮かび上がらせたと見ることができます。

架空の破壊神ゴジラを一方に配置したからこそかえってリアルになる日本政治の問題があります。リアリズムに徹して国会中継をひたすら放送するだけではわからないことが逆に浮かび上がる効果があります。水木しげるは人間に妖怪を対置し、諫山創は巨人を対置しました。

ところで、現代ではＡＩとの対比で人間の仕事の質の評価がなされるようになりつつあります。次にあげた図表は、野村総合研究所が二〇一五年に、ＡＩに代替されやすい仕事とそうではない仕事を挙げた一覧です。そう考えると、ロボットや怪物や妖怪や巨人との対比はあながちフィクションとしてのエンターテインメントに留まるものではないことがわかります。

人工知能やロボット等による代替可能性が高い職業

- 一般事務員
- 医療事務員
- 受付係
- 駅務員
- 学校事務員
- カメラ組立工
- マンション管理人
- CADオペレーター
- 給食調理人
- 教育・研修事務員
- 行政事務員(国・県市町村)
- 銀行窓口係
- 金属加工・金属製品検査工
- 警備員
- 経理事務員
- 建設作業員
- 自動車組立工
- 出荷・発送係員
- 人事係事務員
- 新聞配達員
- 診療情報管理士
- スーパー店員
- 倉庫作業員
- 惣菜製造工
- 測量士
- タクシー運転者
- 宅配便配達員
- 通関士
- 通信販売受付事務員
- データ入力係
- 電気通信技術者
- 電車運転士
- 保険事務員
- ホテル客室係
- 郵便事務員
- 有料道路料金収受員
- レジ係
- 列車清掃員
- レンタカー営業所員
- 路線バス運転者

人工知能やロボット等による代替可能性が低い職業

- インテリアデザイナー
- 学芸員
- 学校カウンセラー
- 観光バスガイド
- クラシック演奏家
- グラフィックデザイナー
- ケアマネージャー
- 経営コンサルタント
- ゲームクリエーター
- 外科医 内科医
- 工業デザイナー
- 広告ディレクター
- 作業療法士
- 産業カウンセラー
- 歯科医師
- 社会福祉施設介護職員
- 学校教員 幼稚園教員
- 商業カメラマン
- 商品開発部員
- スタイリスト
- スポーツインストラクター
- 中小企業診断士
- ツアーコンダクター
- 図書編集者
- 日本語教師
- ネイル・アーティスト
- バーテンダー
- 俳優
- はり師・きゅう師
- 美容師
- ファッションデザイナー
- フードコーディネーター
- フラワーデザイナー
- 保育士
- 放送記者
- 放送ディレクター
- マーケティング・リサーチャー
- メイクアップアーティスト
- 旅行会社カウンター係
- レストラン支配人

出所:野村総合研究所 NRI 未来創発センター リリース(2015年12月2日)より抜粋

私たちは、他者・他社・かつての自分との対比で自らの仕事ぶりを評価するのみならず、ＡＩとの対比で自らの仕事の質を見つめ直す時代に入りつつあるのです。レイ・カーツワイルによって提唱された「シンギュラリティ予測」（二〇四五年には、ＡＩが全分野で人間を超える）には懐疑的なコンピュータ科学者も多いですが、自分の学業や仕事を考えるときの対比相手には十分になりえます。

歴史的に考えてみると産業革命時のラッダイト運動は、織機などの機械に対する破壊活動でした。機械に代替されることによる失業への抵抗運動です。フォードに代表される工場のオートメーション化は、労働形態の人間疎外と機械に仕事を奪われる失業の危機という意識を生みました。その後、「フォード」は大量生産と労働管理の代名詞になります（量産型自動車のＴ型フォードは一九〇八年から生産）。

またコンピュータの導入はオフィスオートメーションとして、ホワイトカラーの労働形態を変え、省力化の波、つまりＩＴスキルの要請と失業圧力を私たちはすでに経験してきました。そしてそれら機械やコンピュータの登場はバケモノの登場として受けとめられてきました。

『すばらしい新世界』オルダス・ハクスリー　早川書房

人間が受精卵の段階から徹底管理されている未来世界を描いています。そこでは「フォード」の名は神と同義で、驚きの表現は「オーマイ、フォード！」になっています。書かれた時代を反映した「未来小説」なのです。ディストピア小説の双璧をなす『1984年』（ジョージ・オーウェル）もおすすめです。

小説の第一行目をディープに読む

カフカ『変身』の第一行目をどう読むか

対極的対比の例を続けます。フランツ・カフカ（チェコ出身でドイツ語の小説家一八八三～一九二四）の『変身』です。

「グレゴール・ザムザは何か気がかりな夢から覚めると、自分が一匹の虫に変身していることを発見した」

という有名な第一行目から読者を特異な物語世界に引き入れます。

「オレは孤独だ。誰もわかってくれない」と呟くより、「朝目覚めたら虫！　誰ともコミュニケーションできない」という設定でこそ先鋭的に孤独の痛みが刺さります。

しかも、先に見たとおり人間は本来社会的生き物です。だからこそディスコミュニケーションによる孤独感が身にしみるとも言えます。都市の雑踏の中で孤独感に苛（さいな）ま

『変身』フランツ・カフカ 岩波書店

角川文庫、新潮文庫、光文社古典新訳文庫、白水Uブックス、集英社文庫からも出版されています。第1行目の訳し方の比較を楽しむこともできます。孤独3部作とも言われる『審判』『城』を読むと暗い世界に引き込まれますが、楽しく別世界にいざなってくれる短編に『父の気がかり』『オドラデク』があります。

れることがあるのも故なきことではありません。

「人間が虫」「人間と虫」という対極的対比がここにあります。もっとも宮崎駿監督作品の『風の谷のナウシカ』のナウシカは、〝虫愛ずる姫〟であり、虫とも意思疎通しようとするヒロインです。ここには「虫だからコミュニケーション不可」という通念に対する対極的対比があります。

しかも、今の世界が終わった後の世界を描いています。「世界終末戦争（ハルマゲドン）」後の世界を描いた作品は無数にありますが、これも「社会以前の自然状態」という対極的対比と同様、ただし発想を〝未来〟に飛ばすことで現代の世界を逆に照らし出す対極的対比と言えます。

古典的には、H・G・ウェルズ（一八六六〜一九四六）の『タイムマシン』がそうであるように、そこで描かれた未来像は、現代の世界をどう見ているのか（資本家と労働者との階級対立など）を投影しています。

安部公房が描くさまざまな人間の姿

カフカから強い影響を受けたと自ら語る、芥川賞作家に安部公房（一九二四〜

『タイムマシン』H・G・ウェルズ 岩波書店

ウェルズは『透明人間』『モロー博士の島』『宇宙戦争』『世界終末戦争の夢』など傑作SFを多数残していますが、私は『新加速剤』が好きです。サイボーグ009はマッハで動ける「加速装置」を持っていましたが、こちらは「新発明」の薬剤です。アスリートのドーピングはこれのパクリでしょうか。

一九九三）がいます。日本の小説家の中で私がもっとも好きな人でもあります。さまざまな作品の中で、ある日突然、自分の名前を消失する人間、棒になる人間、植物化して光合成する人間、魚になる人間などを描いています。

その発想力の豊かさには驚かされますが、対極的対比という発想が活きていることは間違いありません。自らの創作活動を〝紙の上に虚構の城を築くこと〟と述べた安部公房氏ですが、その〝城〟はさまざまな対比の柱から組みあがっていると表現することができます。ちなみに対比の「対」の語源は、棒状の道具で土を突いて固め築城の基盤をつくる意（白川静『字統』平凡社による）ですから、見事な創作物が対比をベースにしているのも必然と言えそうです。

『変身』同様に鮮烈な第一行目が配置された作品として『無関係な死』という短編があります。

「客が来ていた。そろえた両足をドアのほうに向けて、うつぶせに横たわっていた。死んでいた」です。

「来客？」の気づきから「死体！」の驚愕まで、第一ページ目の第一行目です。アパートの自室に帰宅したとたん見知らぬ死体にでくわす。皆さんならどんなストー

『無関係な死』安部公房 新潮社

「アパートに帰ったら見知らぬ死体……」が『無関係な死』です。一方、「タイムカプセルで100年冬眠のはずが、目覚めたら80万年経過していた！」これが『鉛の卵』という短編です。安部公房の全作品中、私が一番好きな物語です。何回読んでも小説技法の発見があります。

リーを思い描きますか。アイディア発想をさそわれますよね。

日常に「無関係な死」を対置するこの着想を得たとき、安部公房氏にとってもう作品はほぼできあがったのではないでしょうか。もちろん〝消しゴムで書く〟作家と評された人ですから、その後、推敲(すいこう)につぐ推敲であったでありましょうが。ともあれ私たちにとっては、どうやってアイディアを出すのかのヒントがここにもあります。

2 似て非なる対比
小さな違いに目を向ける

何と何を対置させているのかを考えると見えてくるものがあります。

とりわけフィクションのような創作では、それぞれの作者が目一杯の想像力で対極を配置してストーリーを構成するかと思えば、まったく意外な「似て非なる対比」を構想することもあります。

ラグビーでたとえれば、スクラムの密集のまま力任せに押すかに見せて、サイドアタックを仕掛けるのが、似て非なる対比のイメージです。

石ノ森章太郎が描く「半機械人間」

手塚治虫作品と好対照なのが石ノ森章太郎（一九三八〜一九九八）の作品です。対極ではなく、似て非なる対比を出して、人間とはなにかを考えたと言えます。

代表作『サイボーグ００９』は９人のサイボーグ戦士の活躍を描くＳＦ漫画で、「半機械人間」という表現が何度も出てきます。ロボットである「アトム」とは焦点の当て方の差異が明らかです。

石ノ森章太郎さんは、高校生の頃に手塚治虫のアシスタントをした経験もあり、かの伝説的な「トキワ荘」でも手塚治虫と接点をもっていた人です（『章説 トキワ荘の青春』）。「アトム」を意識しなかったはずはありません。そして自らのオリジナリティをどこに求めたのか、想像することができます。

さて、戦闘用プロトタイプの「ゼロゼロナンバーサイボーグ」である彼らは、もともと死の商人「ブラック・ゴースト」に誘拐され、改造された被害者です。同時に生身の人間より優れているという自負をもつようになります。

やがて自分たちを実験的戦闘サイボーグにしたブラックゴーストに反旗を翻します。そして、自分たちを解放するとともに、世界中で戦争拡大を画策するブラックゴーストを阻止しようとするのです。そんなことができるのは、特殊能力をもつ自分たちだけだからです。

しかも彼らは「ロボット」呼ばわりされることを非常に屈辱的なことと考えていま

『章説 トキワ荘の青春』石ノ森章太郎 中央公論新社

『まんが トキワ荘物語』（祥伝社）では、手塚治虫・赤塚不二夫・つのだじろう・藤子不二雄Ａなどが当時を回想する漫画を描いています。比較には絶好の作品です。『章説〜』はマンガではなく文字による回顧録ですから、その点でも対比的です。

す。この点は興味深いものがあります。
主人公009の仲間である004は、身体の人工化の程度が最も高いサイボーグですが、自らをあえて卑下して「オレを見ろ。まるでロボットさ」と語るシーンがあります。009とブラック・ゴースト最高幹部スカール（やはりサイボーグ）の戦闘シーンでは「お前はロボットか」「見くびられては困る」というやりとりがあります。石ノ森章太郎さんがあえてロボットではなくサイボーグをモチーフに選んだ自負もうかがえます。

ただし、人間および半機械人間にさらに「神」を対置させた、いわば対極的対比ともいえる「天使編」については、うまくストーリーとして回収できなかったように見えます。その他の代表作「キカイダー」は機械ですが、「仮面ライダー」はサイボーグです。石ノ森章太郎さんは、やはり対極的対比より、似て非なる対比で成功した漫画家だったと言うのは言い過ぎでしょうか。

多くの有名SF作品に共通する普遍的な問い

ところで、自らの身体を人工パーツに置き換えていくとき、どこまでなら「自分」でどこから「自分」でなくなるのか、アイデンティティの問題も考えさせます。この「自分の境界」という問題は押井守監督作品の映画『GHOST IN THE SHELL 攻殻機動隊』（原作漫画は士郎正宗）のテーマの一つでもあります。

ここには〝自分のことは自分が一番よくわかっている〟という一般的思い込みへの対比があります。まず、「自分で思い描く自己像」と「他者から見られた自己像」は、似て非なる対比になります。

哲学者の鷲田清一さんは、『じぶん・この不思議な存在』の中で、他者こそ、自分が何者かを明らかにしてくれる〝第一の鏡〟だと指摘しています。

「自分で思い描く自己像」に大きく関わっているものが記憶ですが、その記憶は客観的事実とは言えないものも多く含むようです。後から刷り込まれたものであったり、無意識に改変されたものであったり。P・K・ディックの『模造記憶』を原作とする映画『トータル・リコール』（ポール・バーホーベン監督 一九九〇年）のモチーフ

『じぶん・この不思議な存在』鷲田 清一 講談社

筆者によれば、自分で自分のことは実はよくわからない。他者こそ私の存在を映し出す鏡です。だからこそ人には羞恥心というものがあり、マックス・シェーラーによれば「羞恥心は天然の衣装」です。傍若無人というのは素っ裸で公道を歩くような振る舞いということになります。

も、記憶と自己像です。

こうした対比的思考法があると、作品の味わい方を広げてくれますし、原作者がどのようなアイディア発想をしたのか、想像的に追体験できます。さらに自分のアイディア発想法に組み入れることもできるはずです。

『模造記憶』P・K・ディック 新潮社

P・K・ディックには映画化された作品が多いですが、代表が『ブレードランナー』の原作『アンドロイドは電気羊の夢を見るか？』ですね。他にも、日独が勝利した第二次世界大戦後の世界を描いた『高い城の男』や『地図にない町』など読後感も格別な作品世界を作り上げています。

3 対比を出して中間を行く
一歩先へ議論を進める

フランスの大学入試で問われる本質的な思考力

先の似て非なる対比は、角度を変えれば、「対極的対比を出しておいて中間を行く」思考方法とも言い換えることができます。人間とロボットの中間を行く「サイボーグ」が典型でした。ラグビーでいえば、大きなバックス展開とサイドアタックの中間で、突破口を探すイメージです。〝似て非なる対比〟の別バージョンですが、ここでは独立に扱います。

そのような思考方法を論文作成の基本方針としているのが、バカロレアです。フランスの大学入学資格試験ですね。これをパスすればどの大学にも進学できます。パリ第一大学でもパリ第一三大学でも、ストラスブール第二大学でもリヨン大学でも。

その試験問題の第一科目が「哲学」という名の小論文試験です。過去問のテーマをいくつか挙げます。

- 「時間から逃れることは可能か」
- 「道徳は最良の政策といえるか」
- 「労働は人々を分断するか」
- 「芸術作品を解釈することはなんになるのか」
- 「文化の多様性は、人類の一体性を妨げることになるのか」
- 「義務を認識することは、自由を捨て去ることになるのか」

なかなか考えさせるテーマですね。そこでは、課されたテーマに対し、ただストレートに自分の意見を書くのではありません。そのテーマをめぐる二つの対極的意見をまず提示します。両極ですからどちらかがより有効であるとか、自分の意見として採用するとかできそうです。ところがそのどちらにも致命的な欠陥があることを示し、より説得的な第三案を自分の意見として提示します。

重要なことは、そのような論文スタイル、あるいは思考の型を理想として、フランスの大学受験生、つまりリセに通う高校生は指導を受ける、訓練をするということです。「自分の意見」と呼べるものが自然発生するのでも、「文才」と呼ばれるものに任せるのでもなく、アイディア発想法の型の訓練が体系的に行われているのです。先に挙げたテーマを、高校生が時間内に書けるようになるためには、どうしたって指導が必要です。オリジナルのアイディア発想のためには徹底して型のトレーニングが必要だということです。

トレーニングと呼ばれるもの自体、思い付きでやみくもにしても効果は期待できません。指導の原理・型が必要です。training の語源は、ラテン語の trahere（トラヘーレ）で「引っ張る」という意味です。機関車が列車 train を引っ張るように。「コレを書けば合格する」というような定番のコンテンツを教え込むのではなく、発想法の型を指導し、本来一つの正答を用意できない課題に柔軟に取り組めるようにすることが大事です。学ぶ方も、ネタを暗記するのではなく、方法を理解することを優先すべきなのです。

右の発想法は、学術のみならずビジネスにおける新しい企画の発案においても有効と思われます。過去の失敗パターンと過去の成功パターンが両極になります。過去の成功パターンが現在・未来の成功パターンになる保証はありません。しかしそれにしがみつき他社の「破壊的イノベーション」に太刀打ちできず、市場から撤退する例は枚挙にいとまがありません。過去の失敗パターンの冷静な吟味とともに成功パターンの踏襲と違う方向を模索することは重要でしょう。

弁証法とは？

さて、バカロレア式の第三案を出す発想法は、弁証法（ギリシャ語のディアレクティケー　問答法・対話的方法）のひとつです。ダイアローグ＝対話と語源は同じです。日本ではドイツ語のディアレクティークを訳して弁証法としました。テーゼ（意見）とアンチ・テーゼ（反論）との対話・格闘からより高次のジン・テーゼ（総合意見）を出す発想法です。

二者の意見の中和・妥協ではなく、物別れでもなく、議論を上方に引き上げようと試みます。これがアウフヘーベンです。auf は英語の upward に当たる言葉で「上の方へ」という意味です。heben は英語の hold で「つかむ」です。日本語では「止揚（しよう）」とか「揚棄（ようき）」といった訳語を当てて、アウフヘーベンを表現しています。両意見を物別れさせず、高い次元での融合を目指します。

ところで、その総合意見へのさらなるアンチ・テーゼも出せるので、弁証法という対比的思考法にも終わりはありません。

「両極の中間」というのは、文字通りの真ん真ん中とはかぎりません。まず、どんな両極を想定するかにも相当なバリエーションがあり、オリジナリティが発揮されます。さらにその両極の幅の中で、どこに突破口を見つけるかにも無数のバリエーションがありえます。

ゆえにそこにもオリジナリティが発揮されます。その都度考えたらよいわけです。ときに妥協案でも、折衷案でも、足して二で割る案でも構わず、アイディアを出してみましょう。理想は弁証法の止揚ですが、実効的にアイディアが出せればかまいません。

アリストテレスが提唱した「中庸」

中間と言っても真ん真ん中とは限らないという点については、アリストテレスの「中庸（ちゅうよう）」がヒントになります。

漢字で「中庸」と書くと『礼記』に出てくる儒教思想を思い浮かべます。「不偏不倚」（不偏不党）、「過不及（過不足）のない平常の道理」などと説明されます。

一方、アリストテレスの中庸は「mesotes メソテース」（英語の mean）で、ほどほどという意味ではなく最適さを意味します。

例えば、無謀と臆病の中庸として勇敢という徳があります。他にも、放埓と無感覚（快楽への無感動）の中庸が節制、放漫とケチの中庸が寛厚（寛大で温厚）、傲慢と卑屈の中庸が矜持（megalopsychia メガロプシュケイア）、虚飾と卑下の中庸が真実、道化と野暮の中庸が機知、機嫌取りと不愉快の中庸が親愛など、『ニコマコス倫理学』の中で随分とたくさんの具体例を挙げています。

皆さんも、日常生活やビジネスや学業にて、なんらかの決定や選択の際に、あれこれの対極とともにその中間・中庸を思い浮かべ、さらにネーミングの工夫をすると知的でクリエーティブな習慣になります。

『ニコマコス倫理学』アリストテレス 岩波書店

「ニコマコス」は当時の編者の名前です。アリストテレスの師であるプラトンは、民主制には否定的で、「哲学者が王になるか、王が哲学者になる」という“哲学者王”を提唱しています。アリストテレスはアレクサンドロスの家庭教師でしたから、それに従ったとも言えます。

対比の中間にあるニッチを攻める

ニッチもある種、中間を行く対比的思考法です。

ニッチとは、もともと建築物の壁と壁の狭間を意味することばです。経済や経営の分野では、「大企業がターゲットにしないような小さな市場」「潜在的なニーズはあるものの、まだビジネスの対象にはなっていない分野」を意味します。「ニッチ・インダストリー」「ニッチ・マーケット」という表現がよく使われます。

単なる形式的中間、妥協的中間ではなく、大企業の真似をしても太刀打ちできない中小企業が、大企業と大企業の中間で、最適解を探る積極的な思考なのです。

もっとも「中間」「狭間」「隙間」は「正道を行く」イメージに見劣りするかに思われがちですが、そうではありません。中間には、その両極に還元（かんげん）されない独自性があります。

それを説得的に教えてくれているのが、細胞機能の研究者である中屋敷均（なかやしきひとし）さんです。『科学と非科学』によれば、氷（個体）と水蒸気（気体）に対する中間である「水（液体）」はきわめて特異な性質をもち、全宇宙において希少な存在形態だと言います。さらにその水と関係の深い生命も、鉱物や結晶のような「安定」と、エントロピー増大の法則に従う「無秩序・カオス」との希少な中間なのだそうです。

私たちが何かアイディアを考える際にも、目の前にはっきりと見えるものだけでなく、対極にあるものの中間を意識することで、新たな打開策を見つけることができるのではないでしょうか。

「一点突破」と「選択と集中」

ニッチが単なる形式的中間、妥協的中間ではなく、対比の中から最適解を探る積極的なものであることから、さまざまな類比が提起されます。〝一点突破〟と〝選択と集中〟です。

「一点突破」は「全面展開」とセットにしてかつて学生運動のスローガンの一つでした。また、将棋の世界での「スズメ刺し」という戦法も「一点突破」を狙うものだそ

『科学と非科学―その正体を探る』中屋敷均 講談社

「細胞機能構造学」を専門とする大学教授による、知的好奇心ある市民に向けた科学論の入門書です。こうした生物学サイドから専門と市民をつなぐ科学リテラシーの業績としては、『生物と無生物のあいだ』（福岡伸一 講談社現代新書）、『ゾウの時間 ネズミの時間』（本川達雄 中公新書）があります。

うです。さらに、経営学の領域では、「ランチェスター戦略」「ランチェスター法則」として活かされていることは、多くのビジネスパースンの知るところでしょう。

イギリスの技術者であったフレデリック・ウィリアム・ランチェスター（一八六八～一九四六）の軍事研究がその端緒で、「弱者」が市場で「強者」に勝つ経営戦略として洗練されていったようです（『ランチェスター戦略「営業」大全』）。

先に将棋の戦法にふれましたが、将棋もチェスももともと軍事作戦、図上演習からの派生と考えられますから、「一点突破」という点で用兵術と結びつくのも当然です。

ランチェスター戦略の詳しい説明は専門書に譲るとして、本書で強調したいことは、こうした現代のビジネス戦略のモデルとも対比的思考方法は親和的だということです。


その点では、もう一つ、ピーター・ドラッカーの「選択と集中」も関連概念です。すでに経営学分野でのドラッカーの功績は申すまでもありません。今では広く「学習科学」としての勉強の仕方にも応用されつつあります。時間・資金・集中力などの有限なリソースと得意不得意・関心などの個性といった条件を最大限に効果あるものとするためにも、「選択と集中」が重要です。

『ランチェスター戦略「営業」大全』福永雅文 日本実業出版社

福永さんは、小が大に勝つ「弱者逆転」を使命とし、その名も「戦国マーケティング株式会社」を設立した人です。『ランチェスター戦略～』では、この戦略の歴史から理論としての発展の解説に加え、日本における実際例が豊富に紹介されています。

これについては、犬塚壮志(いぬつかまさし)さんの「フォーカス・ラーニング」講義と著書『東大院生が開発！　頭のいい説明は型で決まる』(PHP研究所)から学びました。勉強も今や家庭環境や本人の努力だけに帰するものではなく、「学習科学」として研究されています。

法科大学院や大学のAO入試(総合型選抜)でのエントリーシート・志望理由書でも、対比的発想に基づく「一点突破」は重要です。あれもこれもそつなくこなせるというだけでは、案外アピールが足りません。自らの得意と関心のエネルギーがどこにあるかを具体的に表現することが大切です。八面六臂(はちめんろっぴ)ではなく。

『マネジメント 基本と原則』P.F.ドラッカー ダイヤモンド社

第2章は「公的機関の成果」と題され、「公的機関は、その成長と重要さに伴う成果をあげていない。不振の原因は何か。公的機関が成果をあげるうえで必要なものは何か」という考察を行っています。マネジメントの発想が最も必要なのにそうではないのが日本の政治と行政だと私も思います。

4 垂直的対比
自分の立ち位置を俯瞰する

対極的対比・似て非なる対比・対比を出して中間を行く発想法をラグビーの比喩で紹介しました。大きく横展開するか、密集のすぐ側面を突くか、ちょうどいい中間を狙いすますかは、いわばプレーヤー目線のイメージでした。

このアイディア発想を補強するもう一つの視点として天上から見る目を想定してみましょう。これは自分自身を含む周辺像を、仮想した上空の視点から見つめ直すことです。鳥の目（バーズアイ）でも人工衛星のカメラを想定してもよいです。「いま・ここ・私」や「眼前の課題」などから仮想的に離れてそれらを大きな視野からとらえ直します。

これ自体が「いま・ここ・私」を相対化する対比ですが、さらに「対極・似て非なる・中間」の対比のどれが有効そうか、そこからどんなアイディアのブレイクスルーが生まれそうか考えることができます。

四字熟語なら「大所高所（たいしょこうしょ）」から見ると表現してもよいでしょう。また哲学者の内田樹さんなら「マッピング」と表現するでしょう（『疲れすぎて眠れぬ夜のために』角川書店）。

ただの俯瞰（ふかん）・パノラマではなく〝自分自身を視野に入れた俯瞰〟であることが重要です。そうでないと傍観者の視点、他人事になってしまいます。

また単なる内省ではなく、自分を含む周辺を視野に入れた再考であることが重要です。「いま・ここ・私」や「眼前の課題」から仮想的に距離をとることにより、かえって一層それらを冷静に吟味することができます。

内田樹さんは「自分をカッコに入れる知的作業」と表現しています。八方塞（はっぽうふさ）がりに見えて実は突破口が見えていなかっただけということがあります。ビジネス、学術だけでなくもろもろの悩み事についても。

デカルトが『方法序説』で語った旅の効用

従来、自らの日常から離れてそれらを見つめ直すことは、旅の効用として語られてきました。文学研究者の杉本秀太郎（すぎもとひでたろう）氏（一九三一〜二〇一五）は、「旅というものは人を人一倍人たらしめる行動、人間にふさわしい行動ということができる。事実、自分を離れて自分を見るのは、やがて一層よく自分に戻ることなのだから」と語っています（『日本語の世界14 散文の日本語』中央公論社）。

哲学者であり、数学者であり、歴戦の傭兵でもあり、各地を巡ったルネ・デカルト（一五九六〜一六五〇）は、次のように語っています。

ほかの世紀の人びとと交わる（古典的書物を読むことです：筆者注）のは、旅をするのと同じようなものだからだ。さまざまな民族の習俗について何がしかの知識を得るのは、われわれの習俗の判断をいっそう健全なものにするためにも良いことだし、またどこの習俗も見たことのない人たちがやりがちなように、自分たちの流儀に反するものはすべてこっけいで理性にそむいたものと考えたりしないためにも、良いことだ。

『方法序説』より

キリスト教神学の大学者アウグスティヌス（三五四〜四三〇）には「世界は書物である。旅をしない人はその一ページしか知らない」という有名な言葉があります。で

『方法序説』デカルト 岩波書店

ヨーロッパではウェストファリア条約によって一応の収束をみるまで16〜17世紀は宗教戦争による大混乱時代でした。ゼロからの知的再建としてデカルトは、すべてを疑う「方法的懐疑」から始め「われ思うゆえにわれあり」の確実性にいたります。ここでも思考の方法が効いています。

すが、今回の文脈からすれば、「旅をしない人はその一ページについてさえもよく知らない」というべきかもしれません。

「カルチャーショック」という表現も、旅先で珍しい風習に出くわしてビックリというのでは実は「カルチャーショック１／２」というべきでしょう。ひるがえって、自文化の特別さを発見して驚いてこそ本当の「カルチャーショック」です。

自分を客観視するための対比思考

さて、こうした旅のような物理的な移動でなくても、知的「マッピング」で自他を振り返ることができます。

「自分のことは自分が一番わかっている」「ありのまま」「このまま自己正当化」という姿勢は、十分に知的とは言えません。また、知識がたくさんあれば知的とは言えません。自分を振り返る知性〝再帰的知性〟こそ重要です。これまで紹介している対比的思考がその契機になります。


自宅の自室の中の自分を起点にしながら、自己を取り巻く世界を同心円的に拡大していく。

家周辺・市区町村・都道府県・日本・東アジア・世界。およびそこに生きる他者との関係の中で自己を相対化する。家族・地域住民・日本国民・世界の市民。

大学ならゼミ室や研究室・研究棟・キャンパス全体・日本の大学・世界の大学。専攻学問の自分の取り組み・他者の取り組み・隣接学問の状況・異質な学問の状況・世界の学問動向。

ビジネスなら自分の席周辺・課・部・フロアやビル全体・日本の同業者と異業種・世界の同業者と異業種……。


こうした垂直的対比自体、自己を離れて一層よく自己を知る対比であると同時に、「対極的対比か、似て非なる対比か、対比を出して中間を行くか」、矯(た)めつ眇(すが)めつ、あらゆる角度から吟味してみることにつながります。

こうした多面的吟味もなく「万事休す」とあきらめるのではなく、また「この道しかない」と悲壮的に、あるいは他の可能性の吟味や議論もなしに突き進むのではなくアイディアを出しましょう。

歴史ファンなら勝海舟(かつかいしゅう)（一八二三～一八九九）の言葉を思い出す方もおられましょ

う。

「道といひ、主義といつて、必ずこれのみと断定するのは、おれは昔から好まない。単に道といつても、道には大小厚薄濃淡の差がある」（『氷川清話（ひかわせいわ）』）です。

「大小厚薄濃淡」なんていかにも対比的です。こうした対比的思考で柔軟に行きましょう。

『氷川清話』勝海舟 江藤淳・松浦玲編 講談社

勝海舟の談話集。勝は戊辰戦争の幕府軍トップ。西郷隆盛との交渉と江戸城無血開城の功績で知られます。新政府でも初代海軍卿など重要なポストを歴任。吉本襄編集の『氷川清話』が、政治批評部分をはじめとする勝のリアルな声を改ざんしていたため、資料批判を経て新装となったのが、この講談社版です。

第 2 部

対比を仕事や勉強に取り入れる

これから提案する「聞く力」「話す力」「読む力」「書く力」という、いわば日本語の四技能は、すべてこれまで見てきた対比という思考法に支えられています。

母語ではあっても、いやしくもビジネスに貢献する、学問分野に貢献するための日本語です。そうした知的な日本語の四技能は、対比を通じて洗練されたものになりえます。

結論を先取りして言えば、「相手の発言（発話・講演・講義）は、どんな対比をふまえたものか」を意識して聞くことが「聞く力」です。自分が発言するとき、「何と何を比べているのか」対比を明らかにして語ることが「話す力」です。筆者は、何と戦っているのか、つまり「何と対比させて自らの意見を展開しているのか」を理解することが「読む力」です。自分が書くときにも対比をはっきりさせることが「書く力」です。

第4章

対比で理解する技術
——「読む力」「聞く力」を磨く

なぜ誤解や誤読をしてしまうのか？

相手の言語表現を受け取る技術は、ことばのキャッチングの技術です。キャッチボールでも受ける技術が高いとやり取りは楽しくスムーズです。プロレベルでもキャッチャーが信頼できる技術をもっていれば、ピッチャーは最大のパフォーマンスを発揮できます。ゴールデングラブ賞を獲得するような優れた野手はバッターが打った瞬間にしかるべき方向に体が動いています（catchには語源的に「追う・追いかける」という意味があります）。それにより多くの人が取り逃がすようなものを捕球できます。

これを言葉の理解に置き換えてみましょう。やはり巧拙（こうせつ）、上手・下手の差が生じます。最もまずい聞き取り方・読み方は、話されたもの・書かれたものが、すべてその話者・筆者の意見ととらえる誤解です。対比でとらえていないということです。

テレビの報道番組やワイドショーへのクレーム電話のかなりの部分がこのレベルの誤解だそうです。アナウンサーやコメンテーターが引き合いに出したもの、つまり対比相手を本人の意見と受け取ってしまうケースです。

「だって、そう言ったじゃないか」というわけです。言ってもそのすべてが話者の意見ではない。説明や解説は、説得的なものほど対比でなされると知っていないと恥ずかしいほどの誤解をします。もちろん、自説と前フリが曖昧な話者もいます。私たちはこれを反面教師としましょう。

誤読が広がってしまった『学問のすすめ』

誤読というものもあります。福澤諭吉（一八三五〜一九〇一）の『学問のすすめ』（岩波書店）も有名なわりには誤解の方が多いくらいの本です。

「天は人の上に人を造らず人の下に人を造らず」と言えり。（中略）されども今、広くこの人間世界を見渡すに、かしこき人あり、おろかなる人あり、貧しきもあり、富めるもあり、貴人もあり、下人もありて、その有様雲と泥との相違あるに

『チョムスキーと言語脳科学』酒井邦嘉 集英社インターナショナル

著名な言語学者ノーム・チョムスキー（1928〜）によれば、「文法中枢」とも呼ぶべき部位がヒトの脳にはあります。人間の言語習得のベースです。一方、本書の対比に基づく日本語の四技能は、そうした先天的言語能力を踏まえつつ経験的文化的に言語の運用力を高めようとするものです。

似たるはなんぞや。その次第（しだい）はなはだ明らかなり。『実語教（じつごきょう）』に、「人学ばざれば智なし、智なき者は愚人（ぐじん）なり」とあり。されば賢人と愚人との別は学ぶと学ばざるとによりてできるものなり。また世の中にむずかしき仕事もあり、やすき仕事もあり。そのむずかしき仕事をする者を身分重き人と名づけ、やすき仕事をする者を身分軽き人という。

発刊から一世紀以上が経過していますが、過去に読んだ人々のかなりが「天は人の上に人を造らず人の下に人を造らず」を福澤諭吉の見解と理解しているようです。例によって、「だって書いてあるじゃないか」というわけです。しかし、これは対比相手です。これを福澤諭吉の意見ととって、「学問しようとしまいと平等だぜ、イエイ！」では、「学問のすすめ」が理解できません。

福澤諭吉自身、自説の説得化のためにあえて、冒頭に世間一般の考え方をふっているのです。「『天は人の上に人を造らず人の下に人を造らず』と言えり」の「言えり」は世間じゃ言われているねということです。「されども」で乗り越えるための前フリです。

その後、賢い人もいれば、愚かな人もいるし、裕福な人もいれば、貧乏な人もいる現実が語られます。さらに、その雲泥の差が何によってもたらされるのかという核心部分にいたります。その理由は、学んだか学ばなかったかの違いだということを『実語教』にふれつつ語られます。

『実語教』は、庶民向けの道徳や教訓の書として用いられたものです。一説によれば起源は平安時代末期で、江戸時代の寺子屋で広く使われたようです。

加えて、学問をして難しい仕事のできる人が身分の重い人で、学問しなくても簡単にできてしまう仕事をする人を身分の軽い人と対比させています。「身分」を血統や世襲的身分制度としていない点が近代的です。

対比で頭を整理しながら、相手の言葉を受け取る

こうした、単純ですが深刻な誤解に陥らないために対比をおさえることがまず重要です。さらには、ことの本質的理解においても、話者・筆者が何と戦っているのか対比をふまえることが実はきわめて重要です。

会議での発言やゼミでの発言レベルでは、対比的には語られないことが一般的でしょう。だからこそ、そこで対比で聞く技術が活かされます。明示されなかったけれど、その発言は何との対比になっているのか、そういう構えで聞くことで発見や発展を導くことが聞く技術です。

隠れた対比をくみとることもこれと似ています。ただし、発言で語られなかったものをキャッチできるのは、そのような対比が存在しないのではなく、話者が無意識に前提としていたり、暗黙の了解だったりするからです。

そうした類推ができたら、「今の発言は○○をふまえた（対比させた）ものではあ

りませんか」という問いを発し、応答を重ね、対話を進行させることもできます。さらには「その対比をふまえれば、こういうことも言えるのでは」という追加もできます。第3章で見たとおり、対極的対比もあれば、似て非なる対比もあり、中間を行くこともできましたよね。

形式的な会議でないなら、隠れた前提を明示し、ことばを重ねていくことには意義があるはずです。

優れた論文は、もともと精緻（せいち）な対比で構築されていますから、ことばが難しくても、抽象度が高くても、主役メッセージと敵役メッセージとの区別、対比によって読解することができます。

また、実のある講演や講義も、書いた原稿を基にしていることが多いため、対比を追うことができます。対比の軸線を意識することで講演や講義の理解が正確になります。

対比で相手の言葉を整理する

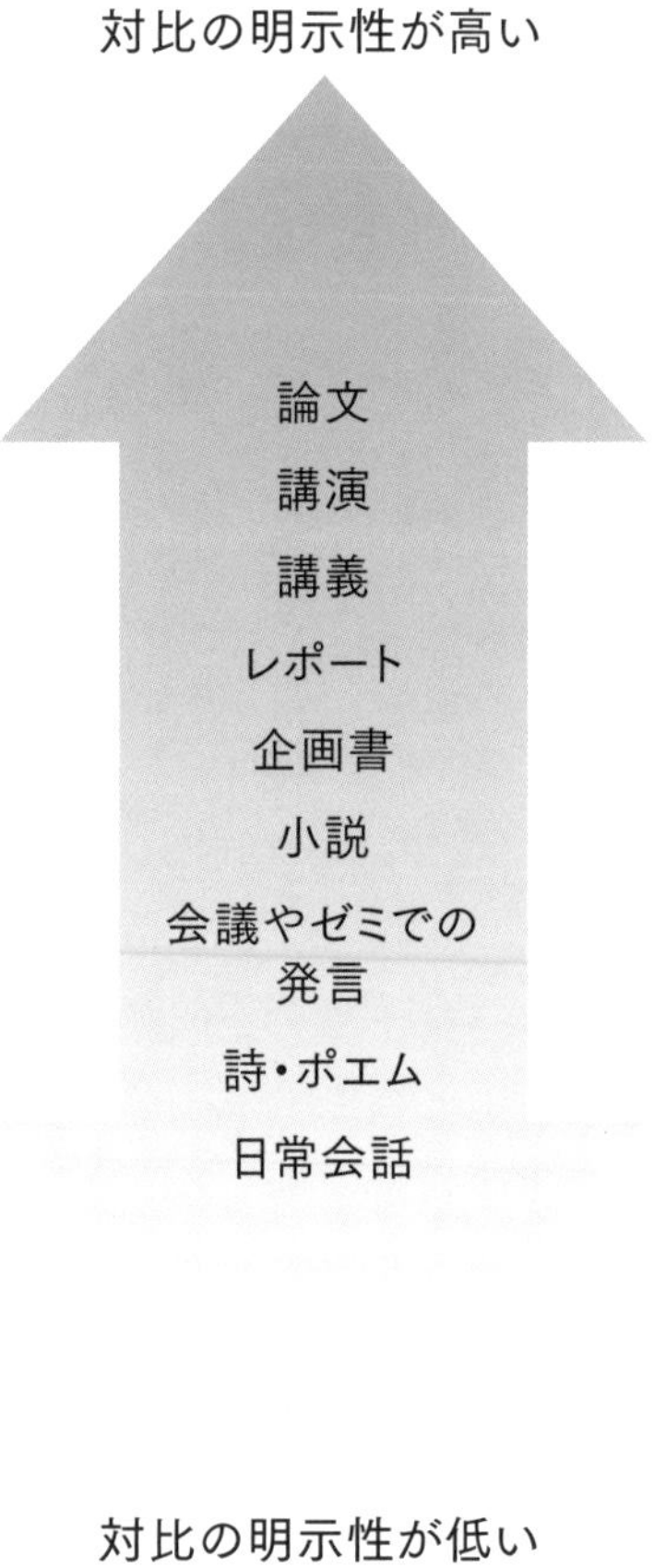

対比の明示性が高い

論文
講演
講義
レポート
企画書
小説
会議やゼミでの発言
詩・ポエム
日常会話

対比の明示性が低い

小林秀雄の本居宣長論

次に紹介するのは、難解な文章を書くことで知られる小林秀雄（一九〇二～一九八三）の講演記録です。一九七〇年に長崎県雲仙で行われた講演です。タバコをやめた理由とか最近の医者はどうしたこうしたといった、ほぼ雑談から始まり、江戸時代の国学者本居宣長（一七三〇～一八〇一）の話になります。

ぼくはこのごろ、本居宣長のことをずっと書いているんですけれど、ずいぶんもうお前何をしているんだとよく言われるんですけどね。言われるんですけど本居さんってのは『古事記伝』を書くのに三五年かかっているんですよ。なにもそれならぼくもそんなに早く書かなくてもいいじゃないですか。ねえ。第一恥ずかしいですよね、そんなに早く書くの。

それにもうあの人は大変な学者です。あの人の一〇〇分の一を読むことは実に難しいです、ぼくらは。むつかしいですよ。もうなんにも知りませんから、こっちは。だからまああの人の一〇〇分の一のものでも読んでから書きましょうと思

小林秀雄

東大仏文科のイメージを作ったともいえる人物で、その文章はわかりにくいことで有名です。センター試験で刀の鍔に関する評論が出題され、受験者平均点は当時歴代最低でした。さすがです。なおランボオの詩集『地獄の季節』（岩波書店）の翻訳でも有名ですが、誤訳が多いとの指摘もあります。

うとなかなか書けません。そういう人なんです。

だからねえああいう人はほんとうに学者といってもねえ、今の学者の観念とはぜんぜん違うってことがなかなかわからないんです。あの人は三十五年かかって『古事記伝』を書き上げて、もう七〇近くになって書き上げて、やっと。でも本は出ませんよ、一生。あの人の死んでから後です。間に合わなかった。

それから本を出すってねえ、今なんかぼくらは原稿を売っているんですからね。それで印税とってる。これが今の学者ですよね。昔の学者は金貯めたんですよ。

本居さんなんか医者です。小児科です。小児科でもって生計を立てていたんです。小児科の方も、これはあの仁術ですから、いやー一生懸命に医者のことをやってた。

そのひまに勉強したんですよ。それで生計を立てて、だからいつでもこっちに竹筒を置いときましてね、医者の料金が入ると少し竹筒んなかに入れてたんです。これは『古事記伝』を出すときの費用です。

こういうことを本当にぼくは考えなくちゃいかんのです。今の学者はね、給金が少ねえとかやれなんだとかぶーぶー言ってますけどね、けど、なんか立派な本を書けば印税をくれるじゃないか。黙って本を出してくれるじゃないか。竹筒に金貯めることはないんですよ。大変な違いですわ。

『小林秀雄講演【第一巻】文学の雑感』（新潮社）より

いかがでしょう。音声を聞いて書き起こしたのですが、なかなかの名調子です。人に話をするのが大好きなんですね、小林秀雄は。

文章での小林秀雄はとっつきにくく、わざとわかりにくく書いているのではないかと疑いたくなるほどです。私は好きではありませんでした。本書の読者でも、いやな思い出しかないという方が多いのではないでしょうか。それがこのCDを聞いて私は認識が変わりました。

ともあれ、今の自分や今の学者と対比して本居宣長の傑出ぶりを語ろうとしています。つまり、〈本業として研究や出版ができ、出せば印税をもらえるから、出版費用を貯蓄する必要のない現代の学者〉と〈本業が別にあって、その隙間に学問研究と著述に励み、出版費用を自ら貯めながら、それでいて偉大な研究業績を遺した江戸時代の大学者、本居宣長〉の対比です。

さらに、今回収録しませんでしたが、その後、宣長が愛した「山桜」の「におうような美」と明治以降に主流になった「ソメイヨシノ」の「俗悪ぶり」を対比させ、い

『本居宣長』小林秀雄 新潮社

本書はほぼ最晩年の大作です。一方、デビュー作は、27歳のときの『様々なる意匠（いしょう）』です。先行する様々なる文芸のスタイルを次々と切り捨てて、自らの文芸批評を確立しようとする試みです。やはり「先行作品⟷自分の作品」という対比があります。

かに違うか力説しています。好きなようにしゃべっているようで、ちゃんと対比です。ちなみに小林秀雄は『本居宣長』を完成させるのに一〇年以上の歳月をかけています。

星新一が語った対比でアイディアを生み出す方法

もう一人、〝ショートショート＝掌編小説〟の確立者である星新一（一九二六～一九九七）さんの講演を紹介します。まさに尽きることのないアイディア発想の人として自他ともに認める方でしょう。

まあよくいろんな人から作家になるにはどうしたらいいか、毎回のように聞かれてこっちも弱っちゃっているんですけど、そのたびにまあそういう小話や小説を覚えたらいいんじゃないかということを言っとるわけです。

小話といいますと週刊誌、雑誌いろんなものに載って、まあみなさん何百何千と知っているにちがいないですけども、じゃあ、まああなた知っているもの、何でもいいから一つでもいいから話してごらんなさいっていわれると大抵の人は、

星新一

父親が創立した星製薬の社長を経て、文筆業へ。膨大な掌編小説を世に送りました。読んでいると中毒になるほど、次の話次の話とページを繰ってしまいます。さらに自分でもショートショートを書けるのではないかと思わせるのも星作品の特徴です。小松左京・筒井康隆ともども「SF御三家」と呼ばれています。

まあ戸惑っちゃう。ここまで出てきそうな感じは、するにちがいないんですけれども、いざとなるとほんとに一つも出てこない人が大部分なんじゃないかと、まあ思うわけなんです。

ですからいろんな作品を読まれた後は感想なんかを書かれるのもまあいいですけど、できればその作品のあらすじを要約して頭の中に叩き込むということをやられると、だんだん小説をつくるコツが身についてくるんじゃないかと思うわけなんです。たとえるなら囲碁に強くなるには定石を覚えるしかないわけです。

『ひらめきの法則』（新潮社）より

本書でも多数の例とともに紹介してきたように、星新一さんも「無からの創造」ではないことを語っておられます。この後、そうした定石があれば、ストーリーの組立てはスムーズであること、一方一番難しいのはその前の段階の、アイディアを考え付く段階と語っています。

アイディアといいますと、全然違ったものを組み合わせるところにアイディアというものが出てくるわけです。例えば全然違ったものを組み合わせる。いざやってみるとけっこう難しい。

　例えばどういうことかといいますと、まあ現代においてもっとも新しいものはなにか、ロケットというものがあるわけです。一方、現代において時代遅れ、古いものとしてなにがあるかというと、一例として〝狐憑き〟というものがあるわけです。

『ひらめきの法則』（新潮社）より

　このあと、〝狐憑き〟の男をロケットに載せて、ある惑星に送るという展開になります。オチは伏せます。ともあれ「最も新しいもの」と「時代遅れなもの」との対比は、本書で指摘した〝対極的対比〟に該当します。また、意外なものとの組み合わせが有効であることを強調していますが、第2章でふれたイノベーションについてのクリステンセン教授の指摘と合致します。

　あらためて、星さんの語り方のスタイルが対比的であることも、さらに内容上の指摘も本書で私が強調したいことがらと共通しています。

スティーブ・ジョブズがスタンフォードの卒業生に贈ったスピーチ

次はアップルコンピュータの創業者、スティーブ・ジョブズがスタンフォード大の卒業式に招かれた際のスピーチ「ハングリーであれ。愚かであれ」の一節です。おそらく世界一有名になった卒業式の送辞ですが、対比に満ちています。

自分の興味の赴くままに潜り込んだ講義で得た知識は、のちにかけがえがないものになりました。たとえば、リード大では当時、全米でおそらくもっとも優れたカリグラフの講義を受けることができました。キャンパス中に貼られているポスターや棚のラベルは手書きの美しいカリグラフで彩られていたのです。退学を決めて必須の授業を受ける必要がなくなったので、カリグラフの講義で学ぼうと思えたのです。ひげ飾り文字を学び、文字を組み合わせた場合のスペースのあけ方も勉強しました。何がカリグラフを美しく見せる秘訣なのか会得しました。科学ではとらえきれない伝統的で芸術的な文字の世界のとりこになったのです。

もちろん当時は、これがいずれ何かの役に立つとは考えもしなかった。ところが十年後、最初のマッキントッシュを設計していたとき、カリグラフの知識が急によみがえってきたのです。そして、その知識をすべて、マックに注ぎ込みました。美しいフォントを持つ最初のコンピューターの誕生です。もし大学であの講義がなかったら、マックには多様なフォントや字間調整機能も入っていなかったでしょう。

「日本経済新聞」（二〇一一年一〇月九日）より

退学することで在学していた大学の授業を自由に受けるというアクロバットがあります。私も単位と関係なく他大の授業を受けたり、他人のレポートを代筆して相手の単位取得に貢献した挙句、自分が留年するという常識外れをして仕送りを停止されたことがあります。でも学業として得るものは多く、今の仕事に役立っています。

ジョブズの場合では、カリグラフィ（タイポグラフィ）の美学がパソコンのフォントに活かされています。本書で何度も強調している意外なものの出会いの一つです。

第5章

対比で伝える技術
——「書く力」「話す力」を磨く

「見取り図」を相手に提示する

「書く力」と「話す力」は、対比でことばを発信するものとしてセットで考えてみましょう。ここでの「話す力」は、おしゃべりや雑談の技術ではないからです。単に話題を切らない技術でも、意中の人をデートに誘う技術でもありません。会議やプレゼン、ゼミや学会での発言の仕方です。

つまり、いくらかオフィシャルな場での話す技術です。それらの技術の核心部分はやはり対比ということになります。すでに本書で様々な種類の対比を紹介したように、どんな対比から「自分の意見」と呼べるものを出したのか、その手の内を明かすように書きますし、話します。

では、そうした対比から成るコンテンツ、内容を盛るためのスタイル、〝型〟についての考察から話を進めたいと思います。

まず〈序論＋本論〉という型が大事です。書くときの型です。あらかじめ原稿を用意する講演・学会での発表・プレゼンなら当然ですが、それほどではないある程度即興的な意見表明でも、序論を意識します。

そのため、話すときは〝書くように話す〟こころがけが有効です。ところで、書くときも今度は〝話すように書く〟ことが重要です。これもくだけたおしゃべり口調で書くということではなく、誰に向かっての発言かによって、文体もコンテンツも変わるということです。本書で私自身が試みています。

「序論」では、次のような項目を入れます。

- テーマは何か
- なぜそのようなテーマを選んだのか
- テーマのどこに焦点を当てるのか
- 自分の立場・賛否はどのようなものか（結論先取り宣言）
- このあとの本論ではどんなことをどんな順番で話すのか

これらを明示することがおすすめです。書籍でいいますとテーマと動機を語る「まえがき」だけではなく、「もくじ」まで伝えると考えるとよいでしょう。

マサチューセッツ工科大学の講義スタイル

今や全米だけでなく、世界中から優秀な学生や研究者が集まるＭＩＴ（マサチューセッツ工科大）ですが、歴史の中で、この大学の評価を上げることになる契機として、講義スタイルの徹底があったと言われます。

まず、講義の冒頭で、その講義の見取り図を示す。何を目的にどんなことをどんな流れで話すか、いわばマップを見せる。年間あるいは学期の講義スケジュールを〝シラバス〟syllabus（ラテン語で一覧表を意味します／オムニバス omnibus は多彩なものを集めたものです）として学生に配布することは、今では日本の大学でも当たり前になりました。逆に当たり前ではなかった時代があることのほうが驚きでしょう。

このシラバスは大きな地図ですが、一回ごとの授業の地図も示すことがＭＩＴの講義スタイルです。

しかも講義を終了させるに際し、その日の内容を総括する。あらためて何をテーマに、何を目的とした講義だったのかおさらいをする。大切なことは繰り返すのです（もちろん、「一回しか言わないからよく聞けよ」というのも聴衆を引き付ける一つの方法ではありますが）。

これがMITスタイルだったのです。そうやって学生を伸ばす大学として評価され、ゆえに優れた学生が集まるようになり、ますます教育成果が上がり、というよいサイクルを醸成していったのですね。

実はこれって英語論文、とくに理系論文のスタイルですよね。『知的文章とプレゼンテーション――日本語の場合、英語の場合』によると典型的には左のとおりです。

- タイトル（title）
- 著者（authors）
- 要約（summary）
- 序論（introduction）
- 材料と方法（materials and methods）
- 結果（results）

『知的文章とプレゼンテーション』黒木登志夫 中央公論新社

黒木さんによれば、簡潔・明解を意味するclarity and brevityが文章表現での最大の心得です。私自身が文章を書くときも、書かれたものを添削するときも、この心得を守っています。一つあたりの文を長く続けず短文に切り、接続語でつなぐ。簡明で論理的文章になります。

・考察（discussion）
・文献（references）
・謝辞（acknowledgement）

もう少しシンプルにすると、

・序論（introduction）
・本論（the main subject）
・結論（conclusion）

つまりＭＩＴの講義スタイルの徹底とは、〝理系論文を書くように話すスタイル〟であり、ＭＩＴの先生であれば、実はなじみのスタイルだったわけです。

私自身、講義や講演で長らくこれを真似しています。

こうしたマップ、見取り図があれば、学生・聴衆は迷子になりません。「脱線」や「ちなみに」「参考までに」で、本筋から外れても戻ってこられます。

これは語り手自身にとっても大事です。

今話しているエピソードは、何のための挿話だったのか、語り手自身が迷子にならない点で。

夏目漱石の講演

実はかの夏目漱石（一八六七〜一九一六）が、講演でそのようなスタイルで話している実例があります。一九一一年に大阪で行われたものです。

> 問題はあすこに書いてあるとおり「文芸と道徳」というのですが、御承知のとおり私は小説を書いたり批評を書いたりだいたい文学のほうに従事しているために文芸のほうのことをお話する傾きが多うございます。大阪へ来て文芸を談ずるということの可否は知りません。儲ける話でもしたらいちばん宜かろうと思っているんですが、「文芸と道徳」では題をお聴きになっただけでも儲かりません。その内容をお聴きになってはなお儲かりません。けれども別に損をするというほどの縁喜の悪い題でもなかろうと思うのです。もちろんお聴きになる時間ぐらいは

損になりますが、そのくらいな損は不運と諦めて辛抱して聴いていただきたい。

昔の道徳と今の道徳というものの区別、それからお話をしたいと思いますが――どうも落付いてやっていられないような気がして堪らない。そのまえにちょっとこの題の説明をしますが、「道徳と文芸」とある以上、つまり文芸と道徳との関係に帰着するのだから、道徳の関係しない方面、あるいは部分の文芸というものはここに論ずるかぎりでない。したがって文芸のうちでも道徳の意味を帯びた倫理的の臭味を脱却することのできない文芸上の述作についての話といっても宜し、文芸と交渉のあるお話といって宜いのです。それでまず道徳というものについて昔と今の区別からお話しを始めてだんだん進行することに致します。


『夏目漱石、現代を語る　漱石社会評論集』より

いかがでしょう。大阪という場所柄をふまえて「儲け」の話で笑いをとって（おそらく）場をなごませています。

その後、演題のとおり「文芸と道徳」の話をするにあたって、まず「昔の道徳と今の道徳の区別」から始めるよ、としっかり「目次」「章立て」の案内をしています。

しかもそれがちゃんと道徳と深いかかわりをもつ文芸の話につながるのですよ、とい

『夏目漱石、現代を語る 漱石社会評論集』小森陽一編著 KADOKAWA

大文豪、夏目漱石の語りです。『坊っちゃん』などでも発揮されているユーモアのセンスを語りにも見出すことができます。ところで漱石は、49歳という驚きの若さで世を去っていますが、五女二男の父として家族を養うとともに、芥川龍之介をはじめ多くの弟子を育てました。

うことを念押ししています。

英国留学の経験もある英文学者ですから、英語論文のスタイルは知悉していいるわけです。実に、〝書くように話す〟見本です。

考えが浮かばないときこそ、対比を使って言葉を出す

会社で企画書を書くとき、大学でレポートを書くとき、企画会議やゼミで話すとき、意見が出ないという話をよく聞きます。そんなとき、「自分の意見」と呼べるものも自説や持論も、あらかじめあるなどと思わないで、形式を踏みながらつくっていくつもりでいきましょう。

また、本書で紹介している発想法の手続きを踏んで、アイディアのメモを出す。あるいはそうした準備ができてから書くのではなく、書きながらアイディア発想していくのでもよいです。

パソコンに向かって、原稿用紙に向かって、まだ書くべき核心がなくても大丈夫です。会議での発言、ディスカッションでの発言なら、話しながら考えてもよいくらいです。こういうとき、意見をふられて「考え中です」と言ってそのまま黙ってしまうのが一番よろしくないです。その考え中の、生煮えの思考とそのプロセスを表明して

しまい、メンバーも巻き込んだらよいのです。

意見を出すときの常套句

「形式」と書きましたが、どんな形式かというとやはり対比です。書こうとしているテーマについて、まず世間じゃこう言われているな、という一般論から提示してみましょう。「なるほど～」「たしかに～」「もちろん～」「むろん～」などの前フリの常套(じょうとう)句(く)を使いながら。

そうです、日本語表現には、こうした「譲歩」を導くことばがちゃんと用意されているのです。「譲歩」というのは、自分の意見はひとまず引っ込めて、自分と違う意見を紹介するということです。

本書で様々な対比的発想法を見てきたように、思考も対比に導かれてあれこれ出てくるのと同じで、書く行為でも対比をふまえます。いわば対話です。想定した誰かと対話するように書くのです。ここでも〝話すように書く〟と言えます。

対比は、思考の〝補助線〟

この「譲歩」を、角度を変えて表現すれば補助線です。「これだ」と言える自分の意見を導く「補助線」のような役割と言えます。

また、この「補助線」は消しゴムで消さない。「なるほど〜」「たしかに〜」「もちろん〜」「むろん〜」というかたちでちゃんと書く。この後、「だが・しかし・けれども・ところが」という逆接の接続詞とともに自分の意見と呼べるものを提示するのですが、この「譲歩」「補助線」「前フリ」があってこそ、「自分の意見」が出てきますし、内容も際立ちます。

数学の図形問題を解くときにも、いきなり正答へ一直線とは行かず、まず補助線を引いてみて、ああそうかというひらめきにいたることがありますね。また慣れないうちは、手あたり次第に引いてみて、ああこれなら行けるという気付きにやっと出会ったりします。

書くとき、話すときのアイディア発想も似ています。ともかく前フリになりそうなものを挙げてみるわけです。「自分の意見」ではないのだから、お気楽です。ありがちなものを列挙してみたらよいでしょう。まだ「解」にいたっていなくても補助線は引けるのと同じです。

一般論との対比をふまえて自分の考えを説明する

例えば、日本人の特性と言えば（皆さんもご一緒に……）、「マジメ」「勤勉」「時間を守る」「電車の到着時間が三分遅れただけで、お詫びのアナウンスをするのは、日本だけだ」「電波式で正確無比な腕時計を買い求めるのは日本人とドイツ人だけだ」「規律正しい」「災害時でも略奪は起きない」「自己主張しない」「謙譲を美徳とする」「以心伝心が理想」「手先が器用」「季節感が鋭敏」「島国根性」「恥の文化・世間の目を気にする」「空気を読む」「集団主義」「無宗教」「ことばを大事にする」「言霊(ことだま)の国」「外国文化を柔軟に取り入れる」「欧米重視・アジア蔑視」「単一民族国家と思い込む」……。

自分の意見ではないからかえっていくらでも挙がるのではありませんか。その後、どの前フリと対峙して「自分の意見」と呼べるものを出せそうか書きながら考えていきます。

一例ではありますが、日本人の特性というテーマで何通りも書けそうではありませんか。

「一般に、日本人は勤勉だと言われる。おそらく日本人自身の多くが世界に比して日本人は勤勉だという言説を信じている。しかしどのような客観的な比較データに基づいているのだろうか。明治初期、新聞の社説では当時の日本人の勤労意欲の低さを嘆くものがあった。現在、一人当たりGDPは先進国グループ中、下位である。〝勤勉〟なのに一人当たりGDPが先進国中下位であるということは、労働の質や価値という点では見劣りするという問題があるのではないか。あるいは〝勤勉〟という前提を疑った方がいいのではないか。またあるいは〝勤勉〟のひとことであいまいなままにまとめ上げられているものを分節化した方がいいのではないか」

「なるほど日本人は無宗教であるとよく言われる。しかし、初詣の人出を想起するだけでなく、プロ野球の選手たちが一団になって神社で神妙に勝利祈願をする様を無宗教で説明できるのか。ベンチの隅に塩を盛る、これをどう説明するのか」

さて、イメージしやすいように「日本人論」をテーマにしてみましたが、自分の課題について、考えてみましょう。ビジネス上の課題、学問上のテーマをめぐってどんな常識や一般論があるでしょうか。さらにそれに対する対比は無数にあるはずです。

例えば新しい企画書を提出するとき、それは何に対して新しいのか。「前回自分が提出した企画」か、より詳細には「前回成功した自分の企画」か「前回うまくいかなかった自分の企画」か。「同社の他者の成功／失敗した企画」か。「同業他社の成功／失敗した企画」か。「異業種の他社の成功／失敗した企画」か。「今のトレンド」か「過去のトレンド」か。「日本のトレンド」か「外国のトレンド」か。

そうした相手に対して「対極的対比」を出すか「似て非なる対比」を出すか「中間を行く」か。どうでしょう。発想の余地は無数にあるのではないでしょうか。

対比で説明を組み立てる方法

企画書に対比を盛り込む

さて、知り合いの書籍編集者が、過去に携わった書籍の企画書を公開してくれました。

いかがですか。

自社以外の企画書を見るというのは稀有な体験ではありませんか。なにより、随所に対比が効いているのがわかりますね。簡潔にして説得力ある企画書になっています。

説明の中に対比を盛り込む

「話し合えばうまくいくはず」という隠れた対比をふまえたタイトル

出版企画書

タイトル：話し合えば、うまくいくのか？
―組織の未来を左右する良い会議と悪い会議―

明示的対比！

企画概要

① 意思決定の専門家による会議術
著者は意思決定の研究者。本書では、組織が正しい意思決定をするための会議術を紹介する。

「集団力学」と「組織のミッション」という対比！

② 集団力学 vs 組織のミッション
本書の主張は、優秀な人が集まった組織でも、「集団力学」への対抗策を取らなければ、悪い方向へ進んでしまうということ。「みんなが賛成と言っているから自分も賛成する」「主導権をとりたい」「まわりから評価されたい」といった組織のミッションとは関係ない力が強く働くほど、組織は判断を誤ってしまうと著者は述べている。

③ これまでの本との違い
著者はこれまでに意思決定について何冊か本を出している。近著は、個人の意思決定についての本ばかりだったので、本企画では組織の意思決定、特に会議に焦点を当てる。

前著との対比！

④ すぐに使えるテクニックを多数掲載
すぐに実践できる会議のテクニックを豊富に紹介する。
例「アイデアと人を切り離す」「悪魔の弁護人を立てる」「満場一致の決定は無効にする」「選択肢は3つ以上にする」「2回投票で決める」など。

本書でも強調している考え方

エントリーシートに対比を盛り込む

就職活動や大学院入試での志望理由書で何を書いたらアピールになるのかわからないということがあるようです。まず、みんなが書きそうなことを列挙してみましょう。「〇〇に一生懸命取り組んだ」「〇〇を何年も続けた」「〇〇実現のために努力した」「失敗してもめげずにやり通した」など。

私は職業柄、これらに類することばを何度も見てきました。ホントにみんなが書きます。書いて悪いことはありませんし、空白を残すよりマシですが、十分なアピールになるとは言えません。

さあ、そこでこれらをふまえて対比を出します。「〇〇に一生懸命取り組みましたが、十分な成果が得られず、私はなぜうまくいかなかったのか問題の分析にかかりました」「〇〇実現のために努力し成功もしましたが、十分な満足感を得られませんでした。これを分析すると～」「何度も失敗しましたが、めげずにではなく、しっかりめげて、なぜ失敗したのかその都度、原因の解明のため～を試みました」「〇〇を一〇年続けていますが、続けていること自体が重要なのではなく、続けたことによって見えるもの、続けた人だけがわかることに気がつきました。それは〜」などです。

メジャーリーグでも長く活躍したイチローは、毎日の昼食で同じレシピのカレーライスを食べ続けたことでも知られます。これを何年続けたからエライとかよくも飽きずにスゴイということではありません。昼食もトレーニングも定点観測的に続けているからこそ感知できる心身の微細な変化というものがあるのではないでしょうか。

これは私が推測で書いているわけですが、実践している当人ならその内側から本人にしか語れない何かがあるはずです。また聞く方もそれを聞きたいはずです。志望理由書も同じでしょう。

自分の経歴や経験、見聞を挙げ、それを一般的に評すれば○○だ。だが、角度によってどう変わるか。とらえ直してみましょう。

一見、失敗経験に見えるものがどんな発見と自己省察というポジティブな成果をもたらしたか。一見、成功体験に見えるものが小さな自己満足により、どれほど一層の発展を阻害する因子になっているか。一見、感動体験に見えるものが立場によってはどれほど興ざめなものか。一見ありきたりなもののなかに、どれほどの感動が隠されているか。

村上春樹の「カキフライ理論」

ところで、自分自身について語ろうとすると、対象が近すぎてうまくいかないとか、自己の核心部をまとめようとしてますます何を書いていいかわからず行き詰まってしまうということなどが生じます。

この点については作家であり、また多くの訳業でも知られる村上春樹(むらかみはるき)さんが「カキフライ理論」というものを挙げており、参考になります(『翻訳夜話(やわ)』)。

すなわち自分自身を十全に語ろうとすると煮詰まってしまう。そこで自分の好きなもの(例えばカキフライ)について手を尽くして表現する。そのくらいの距離感がかえって自分自身を表現することになるという考え方です。

私なら対比と類比を入れながら、自分の好きなもの、例えばエビフライ、タルタルソース付きについて(サバの味噌煮と対比して)書くでしょう。

そういえば「どんなものを食べているか言ってみたまえ。君がどんな人であるかを言いあててみせよう」とはブリア・サヴァラン(一七五五～一八二六 フランスの政治家・法律家)の有名な言葉でしたね。

『翻訳夜話』村上春樹・柴田元幸 文藝春秋

村上春樹さんの作品の多くは翻訳されていますが、自らもレイモンド・カーヴァー、サリンジャー、レイモンド・チャンドラー、トルーマン・カポーティなどの作品を訳しています。なお私は、『職業としての小説家』(スイッチ・パブリッシング)というエッセイから、原稿を書く仕事の流儀を教わりました。

いや、食べ物につられる必要はありません。私は趣味としても仕事としても本を読むので、どんな本が好きかを語るでしょう。それによって私の嗜好のみならず思考スタイルについて語ることができそうです。

ただし、「ただ好きだ」というだけでは十分ではありません。いかに、どれほど、どのように（他のものと対比させて、あるいは一般的な好き加減と対比させて）、さらにその「好き」がどのような行動や展望と結びついているかなど、言葉を尽くします。

これと関連し、スポーツ業界への就職や転職のサポートに携わる池上達也さんは、「スポーツが好きだから」だけでは相手企業の採用担当者をうなずかせることはむずかしいとリアルな指摘をしています。したがって、「好きだから」で済まさず、「何のためにスポーツを仕事にするのか」考え抜くべきと語っています。これはスポーツ業界以外にも広く妥当することがらでしょう。

また、前述したように誰に向かって書いているのかという視点が重要になります。エントリーシートなら相手への貢献という視点を欠くことはできません。企業であれ、役所であれ、大学院であれ。それらに向かって「私は努力家です」と書いてもほとんど独り言のつぶやきです。自分のどのような努力できる能力が貴社（貴学）のどのような業務（学びの場）にどう貢献できるのかを書きます。

『美味礼讃』ブリア・サヴァラン 岩波書店

よく行く横浜の野毛のバーで「ブリア・サヴァラン」という名のチーズに出会いました。フランス原産、白カビのフレッシュタイプでクリーミーなチーズです。1930年、パリのチーズ商、アンリ・アンドルゥエ氏の命名だそうです。

事実、本書の出版元のダイヤモンド社（書籍編集部）のエントリーシートには「志望動機」のほかに「あなたがダイヤモンド社に貢献できる能力を、過去の実績に基づき具体的に3つ挙げてください。」という項目がありました。しかも「志望動機」よりも大きなスペースで。

これはとてもよい指針になります。自分が書こうとしているエントリーシートにそのような項目がなくても、相手への貢献可能性を抽象的にではなく具体的に語ることが正当な自己PRになるとお考えください。

そもそも「PR」は「Public Relations」の略でしたよね。自分の長所も経験の質や価値もそれ自体としてあるのではなく、それを独り言のつぶやきとして書くのではなく、相手との関係のなかで自己のポジティブ面をとらえ直してアピールします。

先の例なら、自分の人となり・能力・経験を「書籍編集」のフィルターで掬（すく）い取ることになります。しかも「ビジネス・経済・経営」に力点を置く総合出版社のフィルターを重ねる必要があります。くわえて、他ならない「ダイヤモンド社」のフィルターも合わせます。

したがって、自分を語り直すためには相手（会社や大学など）についても調べる必要があります。相手の像がはっきりすれば、それに対面する自己像もクリアになりま

『スポーツを仕事にするという選択』池上達也 秀和システム

「スポーツ業界」の多様性と求人の実際を詳細に紹介した本です。プロ野球選手やＪリーガーだけがスポーツの仕事ではないわけです。逆にプロスポーツ選手のセカンドキャリアの道が不十分であることが日本の課題です。

す。先ほど「フィルター」という比喩を使いましたが、相手は自己を照らす「鏡」だということもできます。

その際も軸は対比です。書籍編集という業種・業務は他業種と比べてどんな特徴をもつのか。対極的対比もあれば似て非なる対比もありましょう。さらにビジネス・経済・経営分野での他社との対比は何か。その「鏡」に映し出される自己の特徴はなんでしょう。

漠然と一般的な自分の長所を考えるよりもはるかに自己像が鮮明になるはずです。

私自身でやってみます。私は学部と大学院で歴史学と哲学を専攻しました。また趣味として職歴として（大学受験予備校や司法試験予備校など）多彩なジャンルの本を読みこんできました。したがって、「ビジネス・経済・経営」分野での書籍を企画し、編集する際、対象を歴史学や哲学のような基礎学問・根源的問いを発する学問の視点からとらえ直せます。ストレートな実益・実利志向ではないからこそ、かえってその本の価値を評価したり、価値をふくらましたりできる知見をもっていることを書くでしょう。

とりわけ、ダイヤモンド社は「ビジネス・経済・経営」分野の基盤としての教育や大学や先端的な学術研究にも強い関心をもつ出版社であるため、私が貢献できる余地は大きいことも書くでしょう。

さらに、趣味だけでなく仕事で多分野の書籍を読み、解説を書き、解説を語ってきた経験から、新たな書籍を企画する際、それがいかなる先行作品との対比をなすか、類比となるか、明確にすることができ、したがって、その書籍の斬新さを具体的に語ることができること、などを書くでしょう。

これでダイヤモンド社の内定をとれるかどうか自信はありませんが、漠然とした自分語りではないはずです。

大手化学メーカーの採用試験

次に面接に臨んで課された文章課題とそれに応えた文章例を紹介します。

エントリーシートの他にも、採用試験で小論文の課題を出す企業がたくさんあります。なぜなら、小論文を通じて、候補者の思考力や自分の考えを論理的に説明する力を測りたいからです。第1章でお話ししたように、「意見を出す役」を果たせる人が求められているのです。

公開されている、ある大手化学メーカーの採用試験と答案の実例を紹介します。アイディア発想のトレーニングをしてみましょう。

▼課題

下の9つのワードのうち3つ以上のワードを用いて、自由に文章を作成してください。物語、詩、自分の考えなどどんな内容、表現方法でも結構です。(二〇〇字以内)
〈科学・比・ニーズ・創造・経済・究・細胞・信念・結合〉

▼答案例

イノベーションという言葉はしばしば「技術革新」と訳されますが、本来は、モノ・技術・人・社会の新しい結合、新しい基軸の創造を意味する言葉です。このような本来の意味がわかると、いつの間にか全てが右肩下がりの日本が今こそイノベーションが必要と言われる理由がよくわかります。電子機器が普及した今、人が電子機器に寄り添うのでなく人々のニーズに電子機器が寄り添うことで新たなイノベーションが生まれると考えます。

「一般論」対「本質論」という対比になっています。また、このイノベーションの定義は、第2章で紹介しているハーバードのクリステンセン教授の見解でもあります。

大手シンクタンクの採用試験

▼課題

あなたの周りにあるITサービスを1つ挙げ、あなたなりの工夫を加え、さらに社会やユーザにとって便利で有用となる提案をしてください。(四〇〇文字)

▼答案例

私はAIを医療に生かせないかと考えています。近年、IoT、ビッグデータ、AIといったIT技術がトレンドとなっています。私はこれを医療に適用し、医者の業務の代わりをAIに任せることで、例えば過疎地域の医者不足解消に役立つと考えています。身の回りの物、中でも医療関連機器のIoT化が進むことで、患者の体の状態や病気のデータが蓄積していき、やがてビッグデータとなります。人間が適切な学習アルゴリズムを与えてやる事でAIがこのビッグデータから学習し、患者の病気と治療方法を導き出せると考えています。しかし、AIに医者の代わりを任せるにあたっての問題として、AIが「わからない」時に「わからない」と言ってくれない点が挙げられると思います。実際の使用を考えると、重大な病気を誤診してしまうリスクを回避するためにも、例えば「複数のAIがチェックする」などのような安全策を取っておく事が必要だと考えています。

自らの提案に対して自ら問題点を挙げて、つまり対比を出して内容を深く展開しようとする試みをしていますね。

以上のお題は、アイディア発想の練習にもなりそうですね。

大手化粧品メーカーの採用試験

トレーニング用のお題としてもう一つ挙げます。大手化粧品メーカーの出題です。

▼課題

創業以来一〇〇年以上続いてきた社名を変更する、重要なミッションをあなたにお願いします。新しい社名と、未来の社員にも語り継がれるようにその理由も説明してください。

新社名のセンスがいいかどうかより、どんな思考プロセスから新社名を提案するのか表現することが肝心です。それが説得的な理由の説明になります。現在および未来を、過去（一〇〇年前から現在まで）とどのように異なると考えるのか対比的思考が問われます。

例えば、化粧そのものの概念や価値観の変化があるでしょう。性差・ジェンダーのとらえ方の変化もあるでしょう。ドメスティックな市場かグローバルな市場かの変化もあるでしょう。さらに、動物実験をめぐる状況の変化（ＥＵ圏内では化粧品開発目的の動物実験は禁止され医薬品開発目的のみに規制されている）などの対比を想定できます。

相手に合わせてコンテンツや表現を変える

相手が変われば題材やテーマは同じでも書き方は変わります。夏目漱石の『坊っちゃん』を小学一年生に紹介するならどう書きますか。すでに読んだことがあるかもしれない高校生に向けて紹介文を書くならどうでしょう。日本語を勉強し始めた外国人に、重篤な病気で入院中の人に……。

題材やテーマは同じでも、と書きましたが、それらのどこに焦点をあてるかには相手により変化が出てきます。コンテンツが変わります。

慶應義塾大学の小論文課題

慶應義塾大学・法学部のＦＩＴ入試（ＡＯ入試・総合型選抜の一種）では、次のような小論文課題が出題されたことがあります。

「小学五年生の女子児童に民主主義の意義を説明する文章を書きなさい」

小学校高学年なら知っていそうな知識を想像して書くでしょう。さらに「小学五年生の女子児童」と宛先が指定されていますから無視できません。その年代の女子児童のリアリティに響く具体例には何があるだろうと考えるはずです。『ドラえもん』のしずかちゃんを想定して、「ジャイアンのような体が大きく腕力もあり、実際に実力行使もいとわない人物（のび太は通算でどれだけぶん殴られていることでしょう）が、クラスのことや学校のことをすべて自分に都合よく決めて、クラスの他のメンバーの意見なんかまったく聞こうとしないとしたら。そういうことが起こらないようにする仕組みが民主主義で……」なんて始めることもできそうです。

一方、一八歳になり、選挙権を獲得した高校三年生の女子生徒に説明する仕方はこれとは異なるはずです。もちろん、若い女の子だから、アイドルとスイーツとファッションとカワイイものにしか興味ないだろ、という決めつけによる書き方は、論文の質としては低いものになります。

日本の国会・都道府県議会・市区町村議会における女性議員の少なさから問題提起を始めることもできます。もちろん独裁下では、ファッションの自由もなく統制されるでしょうが。

また、投票（選挙）だけが民主主義を構成するものではありません。デモもストも民主主義を実現する手段でしょう。言論出版の自由があることも。さらに企業経営が民主的であるとはどういうことでしょうか。部活動やスポーツが民主的であるとはどういうことでしょうか。監督やコーチによる恐怖支配と対比することができます。くわえて、議員の選出ほどの頻度では変えられないようになっている憲法で国民の基本権を守る、立憲デモクラシーの精妙さを相手によってどう語るか、腕の見せどころです。

さらに慶應義塾大学法学部の別の年度では、次のような問題もありました。

「宇宙人（地球外の知的生命体）に地球の人間世界に国境というものがあることの説明をせよ」

今度は自分の知識の持ち駒から、国境というものを説明することになるでしょう。世界史の知識で、地理の知識で、政治・統治・国家と呼ばれるものから、経済商取引から、人間の心理から、あるいは民族や宗教や言語や文化の違いというものが人間にはあってね、というところから始めるでしょうか。

「国境がない世界を想像してごらん」とジョン・レノンは歌いました。これに類するものも結構たくさんあるのですが、「国境がある理由を想像（説明）してごらん」という歌詞を私は知りません。「存在するものは合理的だ」とはヘーゲルの言葉ですが、現状を追認するということではなく、どのような必然性があるのでしょうか。あるいは乗り越えるべきプロブレムなのに乗り越えられない理由は何でしょうか。

縛りや条件がアイディアを牽引（けんいん）する

さて、以上のような縛りや条件（「小学五年生の女子児童に向けて」「地球外の知的生命体に向けて」）を自分の思考や発想を妨げる厄介なものと受け止めてしまうこともあるでしょうが、実はそうではありません。むしろ漠然とではなくシャープな思考力・発想力を導いてくれます。

「大人向けならこんな説明をするところを小学生向けならば……」「小学校低学年向けならこんな説明をするところを高学年向けならば……」「男子児童向けならこんな

説明をするところを女子児童向けならば……」と条件や縛りがあればあるほど、それに対応する対比を立てて具体的なアイディアが導かれます。

何の条件も縛りもなく、テーマさえ自分で設定して自由に論じなさいなどというものの方がはるかに厄介でしょう。

これはビジネスや学問でも同じではありませんか。締め切りや納期がある、予算の枠や人材資源にも限りがある。コンセプトの指定や字数の指定がある。だからこそ思考や発想が研ぎ澄まされます。制約があるから頭の使いどころがあり、ブレイクスルーも生まれます。

ただし、「この予算で納期に収めるためにやった」というようなやっつけ仕事では評価されません。むしろ「この期間、この予算とは思えぬ完成度」が問われます。学問を含む、仕事というものは他者貢献が基本ですからね。

「読む技術」「書く技術」を教えてくれない日本の学校

第1章でもふれたように、日本の国語教育では文章の読み方（読解の方法）にはふれず、〝ヨミカタ〟（教室内で朗読すること・モデル文章を間違わないで発声できるようにする）が主流でした。

また、内容についての正しい読解を目指すより感想が大事にされてきました。服装や頭髪検査にはふまえるべき型枠があり、それを守らせようとするのに対し、文学作品に対する感想は多様でよいという感じです。

同様に自分の意見を書く方法についてはあまりふれられず、〝カキカタ〟（漢字を覚えること、あるいは習字）が主流です。これまた同様に、何をどう書くかについては各自に任される。

毎年の夏休みなどには読書感想文を書かされるのですが、その書き方について、指導を受けたことのある人の方が少ないでしょう。「自由放任」で作文が好きになったり、独創性が増したりするならよいですが、多くの人がうまく書けず、作文嫌いになったのではないでしょうか。

小学校時代を思い出します。授業内で作文を書くということが何度もありました。皆さんも同様でしょう。

さて、私のある友人は、いつも一行も書けずに授業終了ということを繰り返していました。当時の私も同じようなものでしたが、彼は四〇分授業ならその間ずっと真剣に原稿用紙に向き合い、一心不乱に何かを考え続けているのですが、鉛筆は進みません。いや少し何か書いては消しゴムで消して、結局白紙という具合でした。彼はいつもそうでしたから、何か適切な指導があって書けるようになったとは言えません。

学校での読み書きは、リテラシーの第一義である「識字」レベルです。本書の読者がその次元でつまずいているはずはありません。

私は大学や大学院の受験生に、論文の書き方、すなわちスタイルと発想法を指導していますが、そういう機会を利用しないと多くの人は大学においても論文の書き方は習わないのが普通です。ゼミ論や卒論を書いた場合でさえ、コンテンツの吟味などの指導はあっても、論文の書き方そのものは指導されないのが一般的です。

したがって、第一義の素朴なリテラシーを超えた、知的なリテラシー（リテラシーには基本的な教養の意味もあります）のノウハウについては切実な需要があるのです。本書もこれに応えようとするものです。

英語ではとくに理系論文では先に見た型があります。

日本でも理系の研究論文は英語で書くことが普通になっていることと研究室単位で、あるいは共同研究者の連名で論文執筆者になるため、案外、文系より理系の人のほうが論文の書き方を知っているようです。

活発な議論が生まれる条件

「発言しないとそこにいないのと同じと欧米では言われる」というのはすっかり人口に膾炙した表現です。しかし、そういう意識付けが欧米ではある、少なくとも知的な人たちの間では、そのような習慣が形成されているということが肝心です。つまり、欧米の空気を吸い、水を飲んでいれば「自然に」身につく、意見が出るというものではなく、ある程度訓練をともなう文化ということです。

寄付やボランティアも同様です。

日本では「寄付」として集まるお金の総額がおよそ一兆円ですが、アメリカでは二五兆円です。人口では三倍弱程度でも寄付金額では二五倍です。税制の違いもあるでしょうが、アメリカでは年収の五%以上を寄付してこそ「立派」と認められる、真のエスタブリッシュメントと認められる文化的土壌・習慣があるのです。

伝説的な内科医であられた日野原重明さん（一九一一〜二〇一七）は、ギリシャ語のエートスが「性格」と「習慣」の二つの意味をもっていたことから、心の習慣が性格および人格さえ形成すると述べています（『「生活習慣病」がわかる本』）。エートス（ethos）は倫理（ethics）の語源でもあります。

そしてアメリカは「自由」「自発」「自立」の国というイメージがありながら、ボランティアは州によっては中高生の必須科目になっています。放っておけば自然に自発心が芽生えるのではなく、教育を通じて引き出すということでしょう。教育education の語源は、ラテン語の educare で「引き出す」という意味です。

発言内容と発言者の人格を分離する

さて、会社や大学では、発言する〝役〟を果たすという意識が重要です。「そこにいないのと同じ」というより、〝ロールプレイ〟できていないよということです。さらに「発言内容」は「私自身」ではないという認識を広めていく必要もあるでしょう。

「発言内容」をある程度人格とは切り離すということです。一般に学校でも会社でもそれを一緒にしがちだから苦しくなります。日本の学校では、「ではみなさんの意見を言ってください」に応じて、すぐに手が挙がるのは小学校低学年までです。「自我」

『「生活習慣病」がわかる本』日野原重明 ゴマブックス

日野原さんは、103歳まで現役であった伝説的内科医です。1970年の「よど号」ハイジャック事件の際、機内に偶然居合わせ、多数の乗客を降ろした後も、人質として機内に残った方です。1995年の地下鉄サリン事件では聖路加国際病院院長として活躍します。「レジェンド」はこういう人にこそ使うべきでは。

の形成とともに「自分の意見」を言わなくなります。「発言内容」と「人格」が同一視されるからです。「間違い」「変な」「KYな」発言をしたら恥ずかしいと思ってしまいます。

またネットでの言説が代表的ですが、自分とは相容れない意見への批判は、人格攻撃になりがちです。

しかし、いやしくも大学以降の学問において、ビジネスにおいて、社会問題においてはあらかじめ正解は用意されていない以上、自由に意見を出せる場・雰囲気をつくることが重要です。

哲学者ポパーが理論化した「生産的な議論の条件」

ウィーン生まれの哲学者カール・ポパー（一九〇二～一九九四）は、『果てしなき探究—知的自伝』の中で人間の関わる「世界」を三つに分類する理論を展開しています。

物質が〈世界1〉、心の中、精神の世界が〈世界2〉、その両方が出会ってできるものが〈世界3〉で、典型が本です。紙とインクという物質によって人間の精神的所産

『果てしなき探究 知的自伝』カール・ポパー 岩波書店

科学の科学たるゆえんは、絶対の確実性ではなく、誤り可能性（可謬性）とそこから学べることだとポパーは語ります。これは自然科学に限らず、人文社会科学すべての学問についてあてはまり、さらにビジネスや危機管理や政治についても妥当する考え方ではないでしょうか。

が刻まれるからです。

　発言はどうでしょう。精神活動つまり〈世界2〉から生まれたことばは、喉や口を使った空気の振動という物理現象つまり〈世界1〉を媒介とします。書物と同様に発言も、〈世界2〉と〈世界1〉の総合で〈世界3〉です。一方で、意見（仮説や命題）は〈世界3〉に属しますが、それはそれを生んだ人間の物理身体や紙や空気（〈世界1〉）と精神活動・思考活動（〈世界2〉）と関連しながらも区別できます。また区別することの重要性をポパーは説いています。

　正解のない問題に対して、意見・仮説は誤りうる。説得力の弱い意見は、より説得力の強い意見に譲る。ただし仮説・意見は却下され、葬られたとしても人間は死なない。また新しい仮説提示に参加できる、知に貢献できるということが大事です。もっとも捏造など研究不正に手を染めた者に、「次」はもうありませんが。

　逆に意見と人格を一緒にすることによって次々と意見を出す知的風土を損ないうる。このことをポパーは「三つの〈世界〉」で語ろうとしたのです。

　南方熊楠（一八六七〜一九四一）も似た分類をしています（『南方熊楠書翰　高山寺蔵　土宜法龍宛』藤原書店）。〈物界〉と〈心界〉、そして〈両方が出会ってできるものの世界〉です。典型例として熊楠は、建築物を挙げています。鉄やコンクリートなどの物質的素材と建築家のアイディアとの出会いだからです。

しかし、ここで肝心なことはそれらが渾然一体ということではなく区別可能ということです。

明治大学教授の齋藤孝さんも、勝ち負けを競うのではない、知的な生産に寄与する議論・ディスカッションの指導をしていることを著書『アイディアを10倍生む考える力』（大和書房）の中で語っておられます。グループで一人の発言者を決めたら、他のメンバーは、それにダメ出しをするのではなく、説得化するために知恵を出すという訓練をしているそうです。

第 3 部

議論に強くなる対比思考

これまでさまざまな分野で対比に関わる例を出してきました。美術・デザイン・広告・音楽・小説・漫画・映画・ビジネス……。

第3部では学術用語の対比を取り上げます。第2章で、「臨床（医療現場）は反対言葉の群生地」ということで、「ケアとキュア」「QOLとSOL」などにふれましたが、もともと学問は反対言葉の群生地です。

例えば、フロイト心理学の「エロスとタナトス（生・性の衝動と死の衝動）」、経営学における「破壊的イノベーションと持続的イノベーション」、法学における「大陸法の伝統（既存の法規定にない新しいものの登場に対してはまず規制から入る傾向）と英米法の伝統（新しいものについてまず自由にやらせてみて問題があればその都度法規をつくったり、判例を重ねていく傾向）」、政治学における「個人主義と全体主義」などなど。

とくに第6章・第7章・第8章では「リバタリアニズムとパターナリズム」というさまざまな学問分野にまたがる二大対比キーワードに注目します。

しかも本書でそれらを取り上げる理由は、そうした用語が専門の学問分野において有効であるのみならず、日常生活でもビジネスでも驚くほど新鮮な視点を提供してくれるからです。つまり対比的学問用語が柔軟なアイディア発想の味方になってくれるのです。

学問は〝メガネ〟にたとえられることがあります。学識があれば、〝それ〟を通して見えるものがあるということです。学問上の知識があると、クイズ番組で勝てるということが重要なのではありません。私自身、テレビ番組の『パネルクイズアタック25』を見て、つい出演者たちより早くこたえようと夢中になってしまいますが……本書はクイズ対策用の「雑学」の本ではありません。クイズは楽しいですが、ビジネスの現場でも学問の現場でも「一つの正答があらかじめ用意されている」ということは、あまりありませんから。むしろ学識があると同じ物事を見ても違う風景が見えるということが肝心です。

大きなターミナル駅の駅前にて、同じ人波の風景を見ても、それぞれの学知によって見えているものが違うはずです。

例えば、都市設計や建築学の〝メガネ〟で見えるもの（人の流れがスムーズか。道の幅や駅ビルの出入り口の場所や数は適切か）、経営学の〝メガネ〟で見えるもの（地価はいかほどか。どこにどんなビジネスチャンスがあるか）、犯罪心理学の〝メガネ〟で見えるもの（どこに犯罪者が好む死角がありそうか）、歴史の〝メガネ〟で見えるもの（江戸時代の古地図と照らし合わせて、この町がなぜこのような発展の仕方をしたのか）、病理学の〝メガネ〟で見えるもの（感染症拡大の契機になってしまうところはどこか）。

とくに人文社会科学では、学術用語が〝それ〟なしには見えなかったものを見えるようにしてくれる〝メガネ〟になってくれます。

第6章

学術用語のメガネをかける
——リバタリアニズムの議論

議論の争点を対比で明確にする

患者の命を救ったのに訴えられた病院

まず日本で実際にあった裁判の話からこの章を始めたいと思います。輸血をめぐる裁判です。立場や考え方、イズムによって本当に対照的・対比的になる事例です。裁判にいたるいきさつは次のとおりです。

重い病気で手術を受ける予定の患者がいました。ところが、宗教上のポリシーから輸血はしないでほしいというのが患者側の要望です。この点、家族も同意していました。この患者は文書も作成し、手術中に緊急事態となり、輸血が必要となる場合でもしないでほしいこと、それによって死にいたったとしても医療者側の責任は一切問わないことも医療者側に伝えていました。

オペの最中、輸血しないと危険な状態になってしまったのです。患者は麻酔で意識はありません。そこで医療者側の判断で輸血を実施しました。これに対して術後、患者側が裁判を起こしたのです。一般的な医療ミスに関連した訴訟ではないことはすでにお分かりですね。

医療者側の主張は、生命に関わる判断については患者本人であっても自己決定の裁量とは言えない、医師は医師の責務として生命の尊厳を尊重するという趣旨のものでした。通常、自殺未遂で搬送されてきた患者に対しても救命救急医は本人の死にたいという意思に反しても命を救います。それほど命には重みがある。これはSOL(サンクティティ・オブ・ライフ=生命の尊厳)の考え方です。

さて、裁判の行方ですが、東京高等裁判所の判決では、どうなったか。医療者側の敗訴です!〝命を救うための医療行為である輸血〟よりも〝患者の宗教上のポリシー〟を優先できる、あるいは医療者側が患者のポリシーを妨げることはできないという判断です。ちょっと乱暴なことばを使うと「余計なお節介はやくな」だったのです。

裁判の争点

みなさんはどう考えますか。どちらに同情しますかということではありません。この裁判で火花を散らす、それぞれの、そもそもの発想はどこからきていると考えますかということです。本書はアイディア発想法の本ですから。

この裁判の争点を生命倫理学の用語で言い表せば、「ＱＯＬ」対「ＳＯＬ」、「生活の質」対「生命の尊厳」です。医療に限らず、もっと広く応用できる学術用語をつかえば「リバタリアニズム」対「パターナリズム」の戦いです。

「リバタリアニズム」とは、他人に危害を加えない限り、何をしてもよいという徹底した自由主義の考え方です。自己への危害ならば自由の範囲内です。

一方、「パターナリズム」は、相手（他者）にとってよいことは強制し、相手（他者）にとってよくないことは強制的にやめさせる考え方です。

これは、人間の振る舞いについて考えるときの二大キーワードとも言えるものです。どっちに与（くみ）するかということではなく、物事を考える方法論として知っておきましょう。

それでは、さまざまな事例を通じて、この二大対比キーワードに関する理解を深め、アイディア発想の方法論として使えるようにしましょう。

自由はどこまで許されるか?――東大ロースクールの入試問題1

「言論の自由と、ヘアカットとファッションの自由、ニカブやブルカを着用する自由と、成人がセックスワークに従事する自由と、公然と性交渉をする自由」についてどのような区別が可能でしょうか、あるいはどこまでの自由なら許容できるでしょうか。

これは東大法科大学院入試問題の一部です。ただし、学部で法律を専攻しなかった学生向けの試験ですので、法律や判例の知識を問う問題ではありません。

「公序良俗に反しない限り」とか「公共の秩序に反しない限り」といった憲法にもあることばを想起する方もいるでしょう。かつて江戸ではほとんどの人が家風呂などなく(火事の原因になりやすいことも、ない理由)銭湯通いで、しかもそこは男女混浴がスタンダードでした。松平定信による寛政の改革(一七八七年から)の際、風紀の乱れを理由に男女の分離がスタンダードになります(『江戸の家計簿』)。性をめぐっ

『江戸の家計簿』磯田道史監修 宝島社

映画にもなった『武士の家計簿』の拡大版とも言える内容です。将軍、奉行、足軽の収入と当時の物価など身近な経済目線から見える江戸時代のリアルな姿が語られます。図表・写真・イラスト多数。

て風紀という考え方がこの時代にもあったわけです。

　ニカブやブルカはイスラーム圏の女性が着用するものです。皮膚の露出を避けるとともに体のラインが目立たないようなデザインですね。また、ついイスラームにおける女性への抑圧の象徴と考えがちです。彼女たちはそれらの着用を「強制されている」のだと。一方で、そうした衣類を着ることを抑圧とは考えず、むしろ文化的なアイデンティティを示すものとして誇りをもって着たいと考える女性もいるそうです。逆に「着用してはいけない」とされる方が抑圧だと。というのも、フランスでは学校・路上・広場を含む公共空間で特定の宗教色をもつ服装をすることを禁止しています。もちろんそれは特定の宗教を国教とせず、さまざまな信教の自由を認めるからこそなのですが、実際には特定の信仰の自由を規制していると感じる人もいるのです。

　では、特定の宗教色とは無縁なヘアカットやファッションの自由なら問題なく許容されると私たちは考えるでしょうか。ところが、日本の高校生の多くは二一世紀になっても「風紀」の名の下、ヘアスタイルの自由さえ謳歌できません。就職活動中の大学生を見てもみんな「リクルートスーツ」と称されるものを着用しています。社会学者の田中里尚（たなかのりなお）さんはリクルートスーツの考察だけで一冊の本を書いています（『リクルートスーツの社会史』青土社）。

立場を明確にするための考え方

リバタリアニズムとは?

リバタリアニズムという考え方があります。「徹底した自由主義」とか「自由至上主義」と訳されます。イギリスの哲学者ジョン・スチュワート・ミル(一八〇六〜一八七三)が、その名も『自由論(On Liberty)』の中で展開した考え方です。「他者危害禁止原則(harm to others principle)」とも言われます。最も大胆に要約して「危害原則」と呼ばれます。内容を言えば、「他人に危害を加えない限り、何をするのも自由」ということです。もっと普通に表現すれば「他人に迷惑をかけなければ何をしてもいい」です。

「危害」や「迷惑」を曖昧化されると自由の余地が小さくなるため、徹底した自由主義者は、「危害」や「迷惑」をはっきり確定できるものにしようとします。「公序良俗

『自由論』J.S.ミル 岩波書店

徹底した自由主義を唱えたミルですが、教育を受ける以前の子どもに対しては大人の介入や指導を認めています。また「文明以前の未開地域」についても文明国の指導が必要だとの考えです。これは植民地主義にいたる考え方でもあります。ひとつのイズムをどこに適用するかで問題も出るわけです。

に反しない限り」では微妙ですから。したがって、今すぐここで直接他者危害にならない限り何をするのも自由と考えます。

まあ犯罪でない限り何をしてもよいという感じです。また自己危害なら問題なしと考えます。自分のことはお構いなく、ほっといてくれです。大人であれば、喫煙と飲酒は病気リスクを高めることになっても「選択の自由」「自己決定権」「自己責任」とみなします。

「選択の自由」と「愚行権」

「選択の自由」というのは、人からほめられるような選択をする自由ではありません。他者危害でさえなければ、人から愚かしいと後ろ指をさされるような選択もOKなのです。そのため「愚行権」とも言われます。

第3章で紹介した赤城乳業の『ガリガリ君』のコーンポタージュやナポリタン味は、大胆なチャレンジとも愚行権の行使とも言えなくはありません。企画会議を経た、叡知の結晶を「愚行権の行使と言えなくはない」などと表現して申し訳ないですが、万人が「いいね」とは評してくれないことへの果敢さの表現ととらえてください。

食品安全の法規で禁止されている着色料や甘味料などの添加物を使用したら、犯罪になり他者危害原則をやぶってしまいます。一方、そうでなければどんなチャレンジングな商品もＯＫなのです。司法ではなく市場の判断にゆだねればよいのです。そして消費者の側にも「選択の自由」があります。コーンポタージュのアイスキャンデーなんて食べたくないと思うなら買わなきゃいいのですし、食べてみたいと思う人が食べればよいのです。「変なものを売るな」と抗議の電話をかける必要はないということです。

言論出版の自由もその本質はリバタリアニズムや愚行権に支えられていると言うことができます。夏目漱石や森鷗外などの優れた文学作品や精緻な学術論文を好きなだけ出版していいという自由ではありません。馬鹿馬鹿しいような、いかがわしいような出版物も出せるのが言論出版の自由です。時の権力は、その権力批判を「いかがわしい」ものとして弾圧したがるからです。

もちろん児童ポルノは単にいかがわしいからではなく、子どもが被害者になっていますから他者危害です。世界中で犯罪であり、取締りの対象です。Ｊ・Ｓ・ミルも自立以前の子どもについて、選択の自由を認めていません。保護の対象です。一方、大人であれば、ポルノを出版する、出演する、購入するのもリバタリアニズムでは自由と考えます。出版物の質については、出版文化内の議論に任されます。「オレはいかがわしいものは読まない」「そういうものを読むヤツを軽蔑する」、そういう自由はありますが、自分が気にくわないからと規制したり、出版や展示を差し止めようと圧力をかけることはできないとリバタリアニズムでは考えます。

ただし、ミルは愚行権も認める徹底した自由主義者ですが、教育を受けて、教養を獲得すれば、自ら進んで愚かなことはしなくなると語っています。他人からあれしろ、これしろとお節介を焼かれるすじあいはない。ゆえに発想の原理は自由でいいということになります。

『昆虫記』を残したジャン＝アンリ・ファーブル（一八二三〜一九一五）は中学校や高校の教師をした後、来る日も来る日も昆虫観察に明け暮れる生活をします。いい歳したオジサンが結婚もせず、草むらを這いずりまわる姿は、他の村人からすると不気味だったかもしれません。でも犯罪じゃないからほっておかれた。「隣町にいい娘がいるんじゃが、会ってみないか」という世話焼きばあさんもいなかった（いたかもしれないが）。

ともあれその後約三〇年かけて『昆虫記』全一〇巻を出版することができた。天才の「奇行（と見えるもの）」を凡人は理解できないのだから、またその天才の業績で世の中は進歩し、凡人もその恩恵にあずかるのだから、余計な口出しはしないほうがよい。そうした趣旨の言葉をミルは残していますし、ミルはファーブルの支持者だったそうです。

説得力を上げるための武器
方法論としてのリバタリアニズム

さてこのリバタリアニズムは思考法としてはなかなか有効です。この視点だからこそ見えてくるものがあります。ただし、この思想にタマシイをささげ、「リバタリアン」にならなくてもよいです。方法としてのリバタリアニズムです。

先の例ですと、「言論の自由と、ヘアカットとファッションの自由、ニカブやブルカを着用する自由と、成人がセックスワークに従事する自由と、公然と性交渉をする自由」について、どこにも境界線を設けず、すべて認めるのがリバタリアニズムです。直接的他者危害ではないからです。誰かの性行為を見せつけられて不快であったとしても、視力が低下するわけではないからです。

地毛証明書は本当に必要？

日本の学校の校則も考えてみましょう。大抵、茶髪も金髪もパーマも禁止です。「天然」である場合、「証明書」を要求されたり、ストレートパーマをかけることや黒くする「加工」を要求されることがあるようです。そうなると、「学校は勉学の場であり、生徒は学業に打ち込むのが本分だから、ヘアスタイルの加工などでうつつをぬかすな」というある種もっともな理由から「黒髪・ストレート」を要求するのではないのですね。「黒髪・ストレート」が「あるべき姿」と前提化されて、「天然」だろうがなんだろうが、そこから外れるのは「あるべきではないもの」として矯正の対象となってしまう。とにかく一定の規格で管理したいのですね。

リバタリアニズムでは、どんなヘアスタイル・ヘアカラーも他者危害でない限り自由です。あまりに明るい金髪加工をした結果、教室の蛍光灯の明かりを乱反射して、黒板が見えなくなって他の生徒が迷惑するのでない限り、問題なしです。ヘビメタバンド風のツンツンヘアが周りの生徒に刺さって他者危害とならない限り自由です。

授業中に寝るというのはどうでしょう。鼾（いびき）がひどく三〇〇デシベル超の騒音となれば、他の学習機会を毀損したことになります。同様に歯軋りが一六キロヘルツ以上の超音波なみで校舎の窓ガラスが割れるようだと器物損壊になるでしょう。一方、スヤスヤ静かに寝る限り自由です。たしかに、ちゃんと授業を聞いていれば、そこから得られた知を逃してしまう。けれども自分の学習機会の喪失として自己危害、愚行権の内だとリバタリアニズムでは考えるでしょう。

ただし未成年の生徒は親の保護下、教師の保護下にある存在で、愚行権を含む選択の自由は制限されるという見方もできます。教師は、教室における保護者として、「生徒のためを思って」ちゃんと目を覚ませと指導することができるという見方です。予備校講師は、授業を魅力あるものにして受講者を眠らせないようにするという道を選ぶでしょう。

元外務省主任分析官で作家の佐藤優さんは、著書『知的再武装』の中で、この他者危害原則を大学の講義において実践し、効果を上げていると語っています。すなわち四〇〇〜五〇〇人の大教室での講義で私語を止めさせる効果です。講義中、物を食べるのも、ヘッドホンで自分の世界に入るのも禁止はしない。愚行権の行使だ。講義中の振る舞いとしては見苦しくても、高い学費を払っているのに学習機会をスルーすることも認める。しかし、近隣の学生とおしゃべりをして、授業を聞こうとする他の学

『知的再武装 60のヒント』池上彰 佐藤優 文藝春秋

豊かな発想のヒントをくれます。また思考法を鍛え、視野を広げるための書籍も多数紹介されています。この二人の共著には『僕らが毎日やっている最強の読み方』（東洋経済新報社）もあります。私はPCで『世界大百科事典』（平凡社）などを見られる「ジャパンナレッジ」の活用法を教わりました。

生の邪魔をするのは他者危害で認められない。これをアナウンスすると私語はなくなるそうです。これも方法論的リバタリアニズムの使用例でしょう。

ピアスもましてタトゥーも禁止で、多くの中学高校で、退学ものでしょう。これは「学校は勉学の～うつつをぬかすな」が当てはまりそうです。ところが、ある種の民族的習慣として、幼少期ないし青年期にピアスをする、タトゥーを入れる文化というものがありえます。事実、カナダ・アメリカ・オーストラリアなどさまざまな民族的ルーツをもつ人が社会のメンバーであるような地域では、特殊な校則はなく「他者危害原則」があるだけです。学校で人を刺すな、撃つな、盗むなだけです。ヘアスタイルやピアスやタトゥーを規制しようとすると深刻な文化衝突を招きかねないからです。

すると日本では文化的、ついでに身体的均質性までを前提にしていることがわかります。それがいいことか悪いことかは置いておいて、方法論的リバタリアニズムからわかることがあるということがここでは重要です。そのつもりで日常空間を見回してみましょう。

電車内での化粧を許せる？　許せない？

電車での化粧は、すでに見なれた車内風景かもしれません。隣のお嬢さんが入念にお化粧しているところを見とがめて「そういうのは家でしましょうね」と注意したことは、私はありません。注意したところで「あなたに迷惑をかけましたか（そうでないならほっとけ）」という趣旨の文句を言われそうです。

そうであれば、この方は、「リバタリアン」ということになります。だからといって「あなたはJ・S・ミル由来のリバタリアニズムの信奉者でしたか」と語りかけても「はあ?!」という対応をされかねません。確かに迷惑・他者危害を実証するのは容易ではありません。

「あの、あなたのファンデーションの粉末が1ppmほどの濃度で飛散して私の鼻の粘膜を傷つけました。今から耳鼻科で診断書をとってきます。明日の午後三時、ここで待ち合わせましょう」なんて言ったら、新種のナンパかと疑われます。車内でいかに長いマスカラを塗り上げたとして、振り向きざまに、隣のおじさんをそのマスカラでなで斬りにするとか、瞬き一回で風速五〇メートル、前の座席の人たちが吹き飛ぶということはないでしょう。

私は、ＪＲ東日本のグリーン車で、ツメを切る中年女性に出会ったことがありますが、それとてツメが飛んできて私の頰を突き刺したわけではありません。また同じくグリーン車で、靴を脱ぎ、靴下を脱ぎだしたオッサンに出会ったことがありますが、臭気指数三〇で鼻が曲がるわけではありません。電車での電話の話し声もそれで誰かの鼓膜がやぶれるわけではありません。

だからといって、電車のような公共空間で、直接他者危害（犯罪）とは言えないから自由だという振る舞いをされるとかなり不愉快ということになります。リバタリアニズムを実践されるとシチュエーションによってはかなり問題だとわかります。

したがって、本来プライベート空間ですべきものをパブリックな空間でするなよというのが、マナーとかエチケットでしょう。直接他者危害にはならないとしても、そのまま自由とは言えないものもあるということです。

アトミズムの視点からリバタリアニズムを批判する

そのため、リバタリアニズムを批判する言い方として、「アトミズム」という表現が存在します。原子論的個人主義などと訳されます。人間というものを、無限の空間のなかにポツンと浮かぶ原子（アトム）みたいな存在として考えてしまっているぞという批判です。慣用句だと「四隣（傍らに）人なきがごとし」という態度ということです。現実の社会は、無限の空虚な空間ではありません。実に様々な他者と有限な空間を共有しています。それなのに「直接他者危害でない限り」と勝手な線引きをして自由を謳歌されては、同じ空間を共有せざるを得ない人からすると、たいへん不快です。

あるテレビ番組で、出演中の女性アナウンサーがたいへん示唆的な家訓を語っていたのを私は、偶然にも視聴したことがあります。その方の父親が「他人に迷惑をかけて生きろ」とよく語っていたというのです。番組では、それっきりで詳しい経緯の説明はありませんでした。

「他人に迷惑をかけるな」は、リバタリアニズムの通俗版で、案外ありふれたものです。このアナウンサーのお父さんの真意を勝手に想像するに、人間である限り、とくに積極的に生きようとすれば、失敗し他人に迷惑をかけてしまうことは避けられない。逆に「他人に迷惑をかけないように」生きるのは小さく縮こまることだ。あるいは人間関係を遮断して勝手な自由を謳歌するだけだ。むしろ迷惑をかけるくらい積極的に生き、世話になり、人間関係をつくり、やがて自分も失敗した人に手を差し伸べられるような人間になれ。他人の破滅をそいつの自己責任だからと知らんぷりという冷淡な人間になるなよ、ということでしょう。

これは分野によっては、リバタリアニズムに対する痛烈な批判になりえます。

環境問題の争点

実は環境問題の場合でも、リバタリアニズムは未来世代に深刻なツケを残してしまいうる発想です。

まず第一に、直接他者危害をしなければいいという思考ですから、今まだそこにはいない未来世代を「他者」として想定していないという点があります。未来人への危害、「未来犯罪なんてSFだ」と片付けられてしまいます。そういえば、未来犯罪を扱った映画にトム・クルーズ主演の『マイノリティリポート』(スティーヴン・スピルバーグ監督 二〇〇二年)がありました。原作はP・K・ディックです。

第二に、環境問題の被害・危害は間接的・複合的で、その被害や危害について特定の責任を追及することが難しい点です。例えば、二酸化炭素排出による地球温暖化と気候変動、海水面上昇、ツバル水没という具体的危害・被害があったとして、「それが我が国の排出したCO$_2$による他者危害だと証明してみろ。できないなら経済活動の自由を規制するな」という論理になるからです。アメリカが国際的なCO$_2$排出規制に加わらない理屈はこれだと思われます（もう一つは「地球温暖化はフェイクだ！」と叫ぶやり方です）。

現在のアメリカだけではありません。過去の日本の四大公害病と呼ばれるものについても、「その病気が、ウチの会社の工場排水に起因するものだと証明して見せろ」というのが、「加害企業」が採用した理屈でした。

代理母出産の争点

先のCO$_2$関連だけでなく、生命倫理関連でもアメリカはかなりの程度、リバタリアニズムを採用しています。例えば、多くの国で規制している「代理母出産」はアメリカでは可能です。三〇〇万円くらいからが「相場」だそうですが、それを産んでくれる女性に支払えばOKのようです。

規制している国では、「生命倫理に反する」「女性の尊厳を傷つける」「女性を〝産む道具〟に貶めている」ことを根拠にしています。リバタリアニズムから見れば、誰にも直接的危害を加えていないから自由です。「生命倫理さん」「ミスあるいはミセス女性の尊厳」、そんな人はいない。傷つき、血を流している「生命倫理さん」や「ミス女性の尊厳」がいるなら責任をとる。そうでなければ自由という理屈です。「倫理」だの「尊厳」だのと抽象的なことばで具体的な人間の自由を縛るなという考え方です。通常の夫婦関係では子どもを授かれない、ミスター&ミセス○○が救われ、代理母も収入を得られる。「ウィン・ウィン」の関係だと。

同様に、アメリカでは自分の精子や卵子を売るのも自由です。理屈は同じです。有名大学に通う学生の精子や卵子、トップアスリートの精子や卵子には高値がつくそうです。

ところで、GID（Gender Identity Disorder：性同一性障害）の人々に対する公的支援が少しずつ始まってます。法的な地位について、また性転換手術を正当な医療行為として認めることについてなどです。では、BIID（Body Integrity Identity Disorder：身体完全同一性障害）の人たちの場合はどうでしょう。自分の生まれ持っての性が「本来の自分」とは違うという意識と同様に、生まれながらについている自分の手や足が「本当の自分」のものではない「異物」と感じられる意識です。その場合、四六時中、寝ても覚めても「取り付いている腕」を切除したいとの思いに苛まれるそうです。そうした「ＢＩＩＤの人々に対する手術を正当な医療行為として合法化すべきである」という意見について、賛否を論じなさいという問題が東大のロースクールで出題されています。もちろん、リバタリアニズムではこれを認めるでしょう。

あくまで思考法の一つとして

危険を伴うスポーツを楽しむ権利もこれを支える思想的根拠はリバタリアニズムと言うことができます。ラグビーやアメリカンフットボールや冬登山などです。もちろん、指導者は怪我がないよう万全を期すべきですし、競技者本人もしっかりトレーニングすることが求められます。ですが、参加者は強制でない限り、怪我やときに命を落とす危険さえ伴うチャレンジをすることができます。当然、古代ローマみたいにコロシアムで奴隷をライオンと戦わせて見物するような自由はありません。また、相手チームの選手を意図的に怪我させようとするようなプレーも許されません。これは他者危害です。

私の父親は以前、テレビで冬登山の様子が映されようものなら「この寒空にわざわざ山登りするヤツの気が知れねー」とその度に言っていました。父よ、誰も強制されない限り、他者危害にならない限り、危険を楽しむ権利があるのだよ……私は心の中でつぶやくのでした。

私は大学生のときにスノーボードで左腕を骨折したことがありますが「ほら見たことか」と父に指弾されました。私はうなだれながら、父よ、これが選択の自由と自己責任なのだと心の中でつぶやきました。そして翌年も、友人とともにスノーボードツアーに出かけたのであります。

方法論的リバタリアニズムは思考方法ですから、万能とも、百害あって一利なしとも決めつける必要はありません。自分が直面しているシチュエーションにて、リバタリアニズムが有効か、一つの意見として検討の余地はあるか試行錯誤すればよいのです。

あらためて本書のベースメッセージである対比の中で、概念・思想用語をとらえてこそその真価がわかるのだということを強調したいと思います。

リバタリアニズムもそれ自体の価値というより、何に対抗するイズムなのかをふまえるとずっと腑に落ちます。つまり、権力の介入を、しかも善かれと思ってしてくる介入を拒絶することをどう合理的に理論化するのかという営みとして理解することが重要でしょう。

「個人主義（インディビデュアリズム）」も、わがままや「利己主義（エゴイズム）」と混同されることがありますが、誤解です。本来「全体主義（トータリタリアニズム）」と対置されることで、個人主義の真意が理解できます。個人を何かの手段として使わず、それ自体を自立・自律した存在として尊重する考え方です。したがって、「利他主義（アルトゥルーイズム）」は、利己主義とは並び立ちませんが、個人主義とは両立可能です。個人の自立や自発を認めることと、他者貢献を促すことは矛盾しません。

民主主義（democracy）もそうです。それ自体としては多くの問題や非効率な面をもちますが、権力の集中や独裁（autocracy /dictatorship）に対するものとして意義をもつと言えるでしょう。

『民主主義に万歳二唱』（Two cheers for democracy）という評論があります（『E・M・フォースター著作集11・12』みすず書房）。イギリスの作家エドワード・モーガン・フォースター（一八七九～一九七〇）が一九五一年に、いわばナチスに対する民主主義の勝利の後に発表したものです。

そのような民主主義といえども「万歳三唱」することはできない。「数の横暴」になったり、「ポピュリズム・大衆迎合」になったり、「衆愚政治」になったり、いろいろな欠点があるから「二唱」くらいがちょうどいいというわけです。

その二唱の第一は、民主主義が「多様性」を認める寛容さをもつことです。第二は、「批評」を許す寛容さがあることです。独裁が国民の多様性を認めたり、権力への批評を許したりするはずがありませんからね。

第7章

対極にある考え方をとらえる
——パターナリズムの議論

ルールの根っこに存在する考え方をとらえる

第3部の冒頭でお話ししたとおり、対比的な学術用語はメガネです。

第6章では、リバタリアニズムというメガネをかけることで、物事の見え方が変わり、身の回りの問題を整理して考えることを実感ができたのではないでしょうか。

さて、次に挙げる制度やルールにも、ある共通する考え方が潜んでいます。

・後部座席のシートベルト着用義務化（道路交通法改正　二〇〇八年施行）
・牛肉生レバーの提供禁止（食品衛生法改正　二〇一二年施行）
・豚肉の生レバーの提供禁止（食品衛生法改正　二〇一五年施行）
・夫婦同姓制（明治時代の旧民法以来）
・ストーカー規制法（二〇〇〇年施行）
・児童相談所が家庭裁判所の許可を受けて強制的に家に立ち入る権限（改正児童虐待

防止法 二〇〇八年試行)
・自殺対策基本法(二〇〇六年施行)
・オートバイでヘルメット着用義務(一九七五年から罰則あり)

リバタリアニズムの反対にある考え方とは?

これらに共通する考え方は何でしょう。「パターナリズム paternalism」です。「父権的温情主義」「権威主義」とも訳されます。「パター」「パーテル」はラテン語で父親のことですから「パパ主義」と呼び換えることもできます。パトロン(フランス語 patron)も語源は同じです。

「相手にとってよいと思われることは強制する。相手にとってよくないと思われることは強制的にやめさせる」という考え方です。上から目線のやさしさとも言えます。

父親や母親が子どもに対し、あるいは学校の先生が生徒に対し、「お前のためを思って」という前フリとともに、なにかをさせる、なにかをやめさせる例が代表的です。タバコ・酒は二〇歳未満の「子ども」に対して禁止しているのも同じ考え方によると言えます。

成人ではない、保護下にある子どもに大人が介入するのはある程度当然ですが、成人に対してもお節介をやこうとする発想がパターナリズムです。

焼肉屋さんで生レバーを注文するかどうかは、ちょっと前まで日本でも選択の自由でした。食べたい人が食べ、食べたくない人は食べなければよかったわけです。Ｏ１５７による健康被害が出たことから食品衛生法により焼肉屋さんで牛肉生レバーを出すことは一律禁止になりました。お店に対する罰則付きです。「この店の衛生管理水準は高く、相応の値段で出している。ゆえに私は私の責任においてこの店で生レバーを食べる」という自由はなくなりました。

これは私の想像（邪推）ですが、「安けりゃその店の衛生水準などお構いなしで、しかも自分の責任など引き受けられない国民に対し、一律禁止にして守ってあげます」ということではないでしょうか。政府がパパで国民は成人以上も含めて子ども同然という考え方と言うこともできます。

自動車の後部座席でのシートベルト着用義務化も同じでしょう。運転席や助手席と同様に、後部座席におけるリスクを自分で勘案してベルトをすることができない（子ども同然の）国民に対し、一律義務にして守ってあげますというパターナリズムの論理ではないでしょうか。

タクシーを利用するときは基本的には後部座席ですね。乗るとたいてい自動アナウンスが流れます。「お客様の安全のため、また法令により、シートベルトをおしめください」。さらに英語がつきます。「Please fasten your seatbelt, thank you.」です。なんとこのぼくちゃんの安全のため、お上が法令までつくってくれたのですね。こっちからサンキューだよ、と私はいつも心で皮肉なつぶやきをもらしています。

パターナリズムを揶揄するような例が続きましたが、家庭レベルに国家権力が介入する極めて重要な例にも触れます。ストーカー規制法と改正児童虐待防止法です。近所の通報などを受けて警察や児童相談所の職員が、家を訪問すると、虐待している親たちはほぼもれなく「うちのしつけだ。警察は引っ込んでろ」「我が家の問題だ、ほっといてくれ」などと言うようです。

これを真に受けて「民事不介入の原則を忘れとりました。失礼しました」なんて引っ込んだら子どもが死にかねません。

ストーカー問題も従来は、家庭の問題、元夫婦や元恋人同士の問題、せいぜい親戚や友達関係者で相談して解決してくれ、という扱いでした。

しかしそれで何人の女性が殺害されたことか。殺人や傷害という他者危害が起きてからでは遅いという認識に変わりました。

従来の、家庭レベルの問題は「天下国家の政策レベル」の問題ではないとの考えから、保育士や介護福祉士の不足という問題が起きていると見ることができます。給与水準が低いせいです。値段のない家事育児の延長と見なされているふしがあります。責任重大な仕事なのに報酬はそれに見合っていない。「でも女性の本能でしょ。好きでやっているんでしょ」というずいぶん都合のいい理屈が背景にあります。同志社大学の岡野八代教授は「正義の倫理＝公・政策レベル」と「ケアの倫理＝私・家庭レベル」の対立ということばでこうした問題を語っています。

フランスでは育児休暇を義務付けていますし（雇用者側に）、三歳から全員加入できる保育学校があります。保育園が実質的に義務教育です。日本でも〝待機小学生〟がいないように、フランスでは三歳児以降〝待機児童〟は原則いません。保育学校の先生は小学校の先生と同水準の給与をもらっているため、社会的地位も報酬も責任と同じく高く、離職率は低いそうです。こうしたいわばパターナリスティックな政策介入で出生率を上昇させる成果を上げています。

日本ではヘルメット、ハワイではサングラス

仕事のオン・オフの切り替えが上手な、私の友人の一人はよくハワイに出かけます。その彼が教えてくれたところによるとハワイ州ではオートバイに乗るとき、日本と違ってヘルメット着用は義務ではないそうです。一方、サングラスの着用は義務です。

これはどう解釈したらよいのでしょうか。パターナリズムの反対です。そうです、リバタリアニズムの発想ですね。

「自分の身を守るためにヘルメットを被るかどうかは自分で判断してくださいね。免許を取れるならそのくらいの判断力はあるでしょ。でもハワイの日差しは強くてまぶしい。自分の意思とは関係なく、目がくらんで他人を撥(は)ねるなど危害を加えないようにしっかりサングラスはしなさい」というメッセージと私は理解しています。

国や地域によって道路交通法も違う。これは発想法が違うのです。

これを「ところ変われば品変わる」とか「郷に入っては郷に従え」で済まさないよ

うにしたいですね。もちろん、ただ珍しいこともあるものだ、でも済まさない。リバタリアニズムの視点かパターナリズムの視点かによって、これほどの差異があると知り、これを方法論として日常・ビジネス・学業に応用すれば、発想が広がる見本としましょう。これが本書の意図です。

2つの立場で物事をとらえる

夫婦同姓vs夫婦別姓

結婚したら苗字を統一する、夫婦同姓制度も典型的なパターナリズムです。「相手にとってよいことは強制してもさせる」です。今世界では、法律で夫婦同姓を規定する国は少数派です。中国のように結婚しても夫婦は別姓のままという国もありますし、選択できる国もあります。そもそも夫婦の苗字については法令や制度がない、つまり家族のことには介入しない国も多いのが現状です。そのため、日本でも「選択的夫婦別姓制度」を導入しようという意見も出ています。夫婦間の合意で、うちは従来どおり同姓にしようとか、うちは別姓でいくとか選べる制度です。裁判にもなっています。

一方、従来どおり「夫婦同姓制度」を堅持するべきだと考える国会議員の先生たちはほぼ異口同音に「家族の絆（きずな）」のためと言います。うちは年数回の家族旅行やキャンプやバーベキューで家族の絆を確かめあっているから大丈夫だ。ゆえに別姓でいい。というような家族ごとの選択の自由を想定していません。こうした考え方がいいかどうかの判断は置いておいて、パターナリズムの発想がどういうものかがよくわかります。

皮肉っぽく表現すると、「小柴さん、あなたがた夫婦は、別姓じゃ心配だから、同姓にしなさい。そういう制度をつくっておいたから」というわけですね。お上に気をつかってもらってかたじけない。

夫婦同姓など「家族の絆」には拘るわりには、育児面ではパターナリズムを発揮しないのが日本の現状で、不思議です。おそらく苗字は「男系・父系」と関わるからでしょう。

たしかにわが夫婦は、ときにあまりにも考え方が違い、衝突したりします（妻はピアノの先生で、きわめて感覚的、直感的な人です）。それでムカッとイラッとすることがあります（お互いに）。でも、こちらがまったく予想だにしない発想をする人がひとつ屋根の下にいるのは、貴重だ、考え方を広げられると、私は思うようにしています。ある程度、「イラッと」を抑止してくれる心理的効果があります。

「相手にとってよくないと思われることは強制的にやめさせる」のもパターナリズムです。この立場からは冬登山は一律禁止になるでしょう。もちろん、アメフトもラグビーも柔道も……そうなると世の中はきわめて安全になる一方、きわめてつまらない世界になるわけです。

「常識的には愚の骨頂だが、この愚かさに達してこそ妙味がある。平気で愚かなことをするのは、どこか自分を忘れ得るいい性質があるからである。何か夢中になるものを有っているのは、却って人間らしさがあるからともいえよう。すきまのない人間にはどこか非人間的な所がある」と語ったのは柳宗悦氏でした（『民藝四十年』岩波書店）。

医者の思いやりvs患者の権利

法律の例をたくさん挙げましたが、伝統的にパターナリズムがよく発揮されていたのが医療の分野です。余命半年というような重篤な病気について「患者のためを思って、患者本人には告知しない」が典型です。医師がパパであり、患者は仮に大人であっても、医療の素人であり、病気で弱っており、子ども同様の存在ということです。

しかし、現在では、重篤な病気の場合でも本人告知をすることが基本方針となっています。一九九八年の医療法改正です。インフォームド・コンセント＝説明と合意を患者側の権利、医療者側の義務とするものです。「患者本人のために善かれ」と思っても実際には、本人のためになっていないこともあります。患者の、いやそもそも「患者」とひとくくりにせず、それぞれの価値観の多様性、ＱＯＬ（クオリティ・オブ・ライフ）を考えればどうなのか。仕事の引継ぎや遺産相続の問題もあります。「胃潰瘍だ」と告げられ、そう信じているが実際には「胃がん」で死に向かっている、この方が悲劇ではないかと考えられるようになりつつあります。

この背景には、個々人の主体性を大事にするべきだという考え方の拡がりと医療技術の進歩があります。治せる範囲が拡大したことです。

もう一つ、エリザベス・キューブラー＝ロス（一九二六〜二〇〇四）の功績も大きいでしょう。

従来は、〈重篤な病気の本人告知→ショック→死期を早める〉というパターンで考えられていましたが、多くの臨床例からそんな単純なものではないことを彼女は明らかにしました（『死ぬ瞬間―死とその過程について』）。それによると時間の経過とともに〈ショック→否認→怒り→悲嘆→受容〉という過程を経るというのです。

もちろん、人間の心理ですから、ベルトコンベヤーみたいに、一定時間、一方向であるはずがありません。ときに行きつ戻りつしながら、重複しながら、それでも多くが死の受け入れ（受容）にいたるようです。

こうした知見から「ショックを与えるから告知しない」ではなく、「告知後のショックをどうケアするか」に医療が変わるようになってきました。

治療の主導権は、医者か患者か？

パターナリズムは「本人のためを思って」重篤な病気については告知しない、という例以外にも、医療全般にわたって医師が主導権をにぎる傾向として、とくに日本では定着していました。医学の素人で、病気で弱っている子ども同然の患者に対して病気のこと、医療方針のことをインフォメーションしてもわかるはずがない。こっちは医療のプロなんだから、任せておけ、「黙ってついてこい」。これがパターナリズムの典型的なメンタリティでしょう。しかも、患者の方でも、あれこれ説明してもらって

『死ぬ瞬間―死とその過程について』E・キューブラー・ロス 中央公論新社

筆者は、スイス生まれ、チューリッヒ大医学部で教育を受け、その後は主に米国の病院で活躍した女性精神科医です。『死ぬ～』は400ページを超える大部ですが、内100ページにわたり末期患者へのインタビューが収録されています。

も私にはわからない。お任せします。「黙ってついていきます」という心理を共有していたようです。

現代では、ＱＯＬは本人にしかわからない、患者主体の医療の実現ということが言われるようになり、インフォームド・コンセントが基本になってきました。素人で子ども同然の患者にもわかるように説明できるのが本当のプロフェッショナルだという考え方の転換が進みつつあります。

医師の倫理観や対話力ということにも焦点が行くようになり、医学部教育の中でそうした授業があったり、入試においても面接を課すなどしています。

もっとも「患者様」などと呼ばれ、医師の態度も昔ほど権威的圧力的ではなくなってきたことへの奇妙な反応として「モンスターペイシェント」が登場しているのは困ったことです。不当な要求を当然の権利であるかのように行使する患者です。暴言を吐く、女性看護師の体をさわる、医療費を踏み倒すなどです。困った患者は昔もいたそうですが、これを「権利」と勘違いしている点が、厄介です。これは患者主体の医療でもなく、リバタリアニズムでもなく、ほとんど犯罪です。

患者主体の医療としては、望まない延命治療はしないというのもその一つです。一方で、自殺未遂で搬送されてきた患者に対して、救命救急医は何とかその命を救おうと努力します。患者は死にたがってますよ、それがこの人のQOLですよ、といっても救命救急医は命を救います。

その根拠には、SOL（サンクティティ・オブ・ライフ）＝生命の尊厳がありまず。命にはそれ自体に価値があり、本人の意思決定にさえ先立って重要と見なされます。日本で、また世界の多くでも安楽死（医師が塩化カリウムなど致死薬を投与できる）が認められない根拠になっています。

リバタリアニズムなら認めるような「私の命なんだからほっといてくれ」を認めない考え方です。「私の本」「私の車」「私の家」と表現されるような所有物を売ったり貸したり処分する自由はある。しかしそれと同じ次元で「マイ・ライフ」「マイ・ボディ」だから好きにするぜ、とはいかないのだという考え方です。命は「授かりもの」だぞ、大切にしろということです。

ただし「命を大切にね」も形式化すると無理な延命になってしまいます。命は粗末にするべきではありませんが、自らの体を張って、命をかけて強大な権力などに抗議するハンガーストライキがあります。また南ベトナムのゴ・ディン・ディエム政権への抗議として一九六三年に僧侶であったティック・クアン・ドックが焼身自殺するということがありました。世界的なセンセーションとなりました。

一つの原理がいつも一〇〇％正しいわけではない。だから本書では〝〇〇イズム〟を紹介しつつもそれらは方法論的なのです。その都度、目の前の課題突破のヒントがつかめるか当てはめてみるのです。

パターナリズムは、もっと素朴には「してあげる」という表現をするときの心理として現れることがあります。法科大学院のエントリーシートや医学系大学入試の志望理由書などで「弁護士として社会的弱者を救済してあげたい」「医療者として苦しむ患者を救ってあげたい」といった書き方をしている例がよくあります。

添削者として私は必ず修正します。「上から目線になってるよ」と。私自身、「受講者の論文答案を添削してあげる」というような表現は絶対にしません。添削してあげたり、してあげなかったりといった姿勢、すべてはこっちの心次第という上から目線はありえません。添削指導することは、私の責務であり、仕事だからです。したがって、先の表現は「社会的弱者を救済する弁護士としての責務を果たせるよう努めて参ります」などにする方がよいでしょう。

鷲田清一さんも「『してあげる』という意識」という論考（『じぶん・この不思議な

存在』講談社)の中で「してあげる」という表現を使われる患者側の不快感の例を紹介しています。また、哲学者らしくこれを分析しています。すなわち、本来相手のための行為が「してあげる」と表現した途端、相手はその行為を受けるだけの存在に貶(おとし)められ、「してあげる」行為者の方が一段上に立ってしまうと。

電車のアナウンスは、おもてなしか責任逃れか？

ところで、日本の電車はずいぶん「気配り」の行き届いたアナウンスをしますね。「急停車することがございますのでつり革・手すりにおつかまりください」「本日は傘のお忘れものが多くなっております。ご注意ください」「本日は雨のため足元が滑りやすくなっております」……「オモテナシ」の精神でしょうか。

いや私が外国人だったら、なにかずっとアナウンスしているぞ、何事だろうと不安になります。最重要の情報である「次の停車駅は○○」がオマケに思えるほどずっと車内放送をしています。

これは乗客を子ども扱いしているパターナリズムでしょうか。そうかもしれません。アナウンスしないとつり革につかまって身の安全に備えることもできない子どもだと。自動車の後部座席においてもシートベルト着用が義務になったのと同様に。

一方、「駆け込み乗車は危険ですからおやめください」「危険物の持ち込みは禁止されています」というアナウンスとセットにすると違う意図もうかがえる気がします。というのは、犯罪を決意している人物やテロリストが、このアナウンスを聞いて犯行を思いとどまるとは到底期待できないからです。

「駆け込み乗車は危険ですからおやめください」も年がら年中繰り返されているアナウンスです。つまりそれ自体には実効力はない。では、まったく無意味なアナウンスかというとそうでもない。これは何か事件があったときに、「わが社はこのように日々安全に努めておったのです」と釈明できるための準備、アリバイ作りだと考えるのは穿（うが）ちすぎでしょうか。車内で滑って転んで訴訟でも起こされないよう、ほら「雨で足元が」って言ったじゃないですかと。

比べなければ気づけない

リバタリアニズムのいくつかの例で見たように、アメリカは相当程度「選択の自由と自己責任」という考え方を採用する一方で、そうではない事例もあります。日本でも酒とタバコは成人なら選択の自由ですが、大麻は所持も取引も使用も禁止です。それぞれの国がどれに対してはリバタリアニズムでどれに対してはパターナリズムか考えるのは、興味深いですよ。

「虫歯になったら、歯医者に行く」は当たり前？

さて、アメリカでは家庭用のハンディドリルの取扱説明書には、「歯の治療には使わないでください」などと書いてあるそうです。そんなヤツはおらん、と言いたくなりますが、どうもそうでもないみたいなんです。自分や自分の家族の虫歯治療に使って、「歯が欠けた、どうしてくれるんだ」と訴訟を起こす人がいるので、あらかじめトリセツに書いておくわけです。

ハンディドリルを自分の歯の治療に用いるのは「選択の自由と自己責任」としない人もいるわけです。

そもそもなぜ歯医者に行かないのかと思ってしまいますが、アメリカは日本のような国民皆保険制度がありません。日本のように保険適用できわめて安い費用で虫歯治療ができないという事情があります。もちろん、民間企業による医療保険はありま す。したがって、そういうものに入るかどうかは選択の自由と自己責任というわけで、こういうところはリバタリアニズムです。もっとも低所得にあまんじて、民間の医療保険に加入できないことを「選択した」とは言えないのに。そういうほころびが右のような例を生んでいるのかもしれません。

虫歯は、しばらく安静にしていれば治るというものではありません。民間企業の医療保険に入れない人はかかった医療費を全額支払うか（アメリカでは盲腸の手術で破産する人もいるそうです）、そもそも所得が低い以上、歯痛を我慢し続けるしかない人もいるようです。

一方、これを別の角度から自己責任と放置せず、定期的にボランティアで、無償にて治療をする歯科医師さんたちがいます。ニューヨークのセントラルパークで、炊き出しのボランティアと同様に、歯を診てもらおうとする人たちの結構な行列ができるそうです。

さて、ドライブスルーでハンバーガーとホットコーヒーを注文したある男性のエピソードをアメリカ在住の映画批評家、町山智浩さんが紹介してくれています。

コーヒーをすぐ飲めるように自分の股の間に置き、車を発進させたところ、こぼれて大事なところを火傷した。するとドライブスルーで、火傷するほどアツアツのホットコーヒーを売るのはオカシイとファストフードチェーンを訴えた例があるそうです。オカシイのはどっちの頭だ?! と言いたくなりますが、裁判で勝って巨額の慰謝料を獲得した……(絶句!)では、おそらく今アメリカのファストフード店のホットコーヒーは、一律ぬるいということでしょうね。

アメリカの総人口はおよそ日本の三倍くらいですが、訴訟件数は約五〇倍です。弁護士数も約五〇倍です。さっきのトリセツみたいなものがないとやっていられない訴訟大国の一面もあるのです。

日本は訴訟大国ではありませんが、先の車内アナウンスにあるように、責任は取りたくないという心理はあるようです。

無意識のうちに強制されている

『うるさい日本の私』（洋泉社）の筆者、哲学者の中島義道さんは、勤め先の大学行きのバス車内にて、「癒し」っぽい音楽を流されることに激怒しています。選択できない状況下で「心地よい音楽（とバス運行会社が思うところの）」を強制するなと。ところが和やかな音楽を親切心で流しているのに、苦情を言ったことで変人扱いされたそうです。

くだらない（と自分が思う）テレビ番組があったらチャンネルを変えるなり、スイッチオフにするなり選択できるとき、テレビ局に苦情を言うのは、よく考えてからにしたほうがよいのですが、見ること、聞くことを強制されるのは、それがどんなに美しい（と発信者側が思う）ものでもお節介で、パターナリズムの一つでしょう。

新型コロナウィルス関連で、「新しい生活様式」が政府によって推奨されるようになりました。外出時も屋内でも人との距離を空けるとか、飲食店で大皿料理は避けるて手を洗うとか、向かい合わずに座るとか、おしゃべりは控えるとか、帰宅時に三〇秒以上かけて手を洗うとかです。

これまで以上に明らかになったことは、日本はパターナリスティックな傾向の強い社会だということです。多くの国民も政府にお節介を焼かれることについてあまり疑問に感じていないようです。

「マスクをしない権利」を主張するデモが発生したフランスとは対照的です。感染症の相互予防を考えれば、マスクをすることは有効なはずなのですが、それを政府から強制されたくない、どんなに「よい」ことも私生活レベルに介入するな、そういうことは自分で判断するということでしょう。ことの是非以上に考えさせられるケースです。

カルチャーショックの本当の意味は、自らとは異なる文化や習慣に出会ってその不思議さに驚くこと以上に、翻って自文化の特異さにはっとさせられることです。このケースも日本の在り方の自己発見の契機としたいですね。何度も繰り返しているように、本書は発想法の本なのですから。

第8章

対立する2つの立場の中間を行く

——リバタリアン・パターナリズムの議論

対比の中間で生まれた新しい考え方

リバタリアニズムが抱える問題

二大対比キーワードであった「リバタリアニズム」と「パターナリズム」の〝中間を行く〟発想法を考察します。その名も「リバタリアン・パターナリズム」です。

そんなものがあるのかと訝るむきもありましょうが、ちゃんとあるのです。また、異質なもの同士をくっつけたキメラ（ギリシャ神話に出てくる、頭はライオン、尻尾はヘビ、胴体はヤギという怪物。キマイラとも）と決めつけないでください。なかなかいい線を行く考え方なのです。

リバタリアニズムは、ときに他者への間接的影響を考えない傍若無人にいたりうる問題をはらんでいました。また、自分への危害を自己責任とするように他人の失敗もそれぞれの自己責任だと決めつけてしまいがちな問題もあります。

『美徳なき時代』アラスデア・マッキンタイア みすず書房

リバタリアニズムによって、望ましい人間の美徳はズタズタにされてしまったとマッキンタイアは批判します。「他人に迷惑をかけなければ」という勝手な仮定が通用しない、現実の歴史を重ねたそれぞれ固有の共同体での振る舞いを重視します。コミュニタリアニズムです。

リバタリアニズム的傾向をもつアメリカでさえ、「他者危害でなければなんでも自由」という振る舞いや実践によって社会の望ましい美徳が壊されてしまったと指摘する学者もいます。その名も『美徳なき時代』の筆者、アラスデア・マッキンタイアです。

イギリスのケンブリッジなどで教育を受け、ノートルダム大学などアメリカで教鞭をとってきた哲学者・倫理学者です。その著書のなかで「立派な人柄を身につけるように誰もが努力する」という文化が根こそぎダメになってしまったと憤りをあらわにしています。

さらに「ハーバード白熱教室」ですっかり日本でも有名になったマイケル・サンデルさんも「他者危害でなければなんでも自由」と考えることは、自分自身をまったく「負荷なき自我（unencumbered selves）」として考えることで、道徳的政治的責務を理解できなくなると『自由主義と正義の限界』の中で指摘しています。第6章でも見たように、いますぐここで他者危害でなければ自由では、未来世代の生存可能性について責任なんて考えないわけですから。

『自由主義と正義の限界』マイケル・サンデル 三嶺書房

「ハーバード白熱教室」ですっかり有名になったサンデルさんの主著です。彼も、マッキンタイアと同様にコミュニタリアニズムの一員です。「他人に迷惑をかけなければ」という勝手な仮定が立てられないからこそ、相互の納得を求めて熟議deliberationが必要ということになります。

「選択の自由」と「規制」の中間で生まれた経済学の考え方

一方、パターナリズムは過剰なお節介という介入しすぎにいたる問題を抱えていました。

そこで各個人の選択の自由を尊重しながら適度なアドバイスをするという考え方が「リバタリアン・パターナリズム」です。「行動経済学」で知られるシカゴ大のリチャード・セイラー教授が、ノーベル経済学賞を受賞した二〇一七年あたりから広く知られるようになった考え方です。ハーバード大ロースクールのキャス・サンスティーン教授との共著『実践 行動経済学 健康、富、幸福への聡明な選択』でたくさんの興味深い事例を紹介しています。

従来は、「弱いパターナリズム」などと表現されたこともありますが、「リバタリアン・パターナリズム」の方が、ズバッと対極の中間を行くわかりやすさがあります。また「ナッジ＝nudge」という表現もリバタリアン・パターナリズムの考え方を直観的に伝えるものとしてよく使われています。肘(ひじ)で相手をツンツンするという意味です。「あれしろ、これはするな」と背中を押し続けたり、肩をつかんだりするのでは

『実践 行動経済学 健康、富、幸福への聡明な選択』
リチャード・セイラー、キャス・サンスティーン 日経BP社

タイトルの「実践」の通り、ナッジの具体例が満載の本です。二人とも米国を代表する名門大学の教授ですが、アメリカの主流であるリバタリアニズムではなく、パターナリズムでもない、第３の選択肢の事例を多数挙げています。

なく、かといって放任放置で知らんぷりでもなく、肘でツンツンです。

ナッジで解決した問題

さて、「リバタリアン・パターナリズム」あるいは「ナッジ」は、まず公共空間におけるモノのデザインで活用されています。先の本では、オランダのスキポール空港に設置された男性用小便器の例が紹介されています。

「ハエ」のマークを標的みたく便器内に貼ったのです。「◎」や「▽」のような的の図柄は、日本でも東海道新幹線の車内トイレで見たことがあります。駅の公衆トイレなどでの定番は「一歩前へ」などの掲示でした（今でもよく見かけます）。でも、こんな人生訓なみの標語などなくても、的があるだけで、粗相してしまう確率が下がり、清掃員さんによる作業時間の短縮が図れます。ちゃんと経済効率に結びつくわけです。しかもビジュアル・コミュニケーション、視覚伝達デザインですから、特定の言語による注意書きが読めなくても、ちゃんと行動は誘導されています。

学校のカフェテリアのメニューをどう並べるかで、バランスのよいものを学生に選択してもらえるよう、適度なお節介を考えている事例がアメリカにあるそうです。

『モラルの起源 実験社会科学からの問い』亀田達也 岩波書店

1000円を二人で分け合うとき、999円と1円でも、501円と499円でも経済学が仮定する〝ホモ・エコノミクス〟は合理的な割り切り人間なので、1円でも利益があるなら受け入れます。でも現実の私たちはアンフェアと感じます。それはなぜでしょう。慶應義塾大学経済学部の小論文課題にもなった本です。

そういえば、『ルポ 貧困大国アメリカ』によれば、財政難のため公立学校のカフェテリアには民間資本が入っている例が多いそうです。しかも利益の最大化のため、いかにも中高生が好きそうなファストフード店のようなメニュー（原価は安く、高カロリー高脂肪）が主だそうです。

これも選択の自由ということになるのでしょうが、なかにはナッジしたい、ストレートなパターナリズムにならないようにしながら、健康的なメニューの選択をしてもらえるような工夫をしてビジネスしたいと考える人もおられるわけです。

強制ではないが、よい選択をしてもらう仕組みを設計するという点で、「選択的アーキテクチャ」という表現も使われます。こういう工夫や思考法は、ビジネスでも応用できそうです。ただし、サブリミナル効果による、無意識的消費誘導とどう違うのか批判的吟味の目も持ったほうがいいでしょう。

ナッジの別な例を出します。適切な速度で自動車を走らせると路面とタイヤの摩擦でメロディが奏でられる道路があります。また、走行中の自動車から横断歩道が立体的に浮き上がって見え、自然に速度を落とすように誘うデザインなどがあります。私は島根県の出雲空港にアクセスする道路で見たことがあります。「スピード落とせ！」

『ルポ 貧困大国アメリカ』堤未果 岩波書店

企業レベルのリバタリアニズムがもたらした結果が、アメリカの貧困格差の深刻化をもたらしたという分析も可能でしょう。さらにそこから不動産王でありつつ、乱暴な言説で白人低所得層（のある部分）の支持を得たトランプのような人を大統領にしてしまったことは、なんとも皮肉です。

というサインを路面に書かなくて済むのです。美しい景観にも貢献します。とくに日本では標語や呼びかけが多いので。

最近、転落防止のために駅のホームにあるベンチの向きが変わったのもナッジと言えるでしょう。たったこれだけの工夫で不慮の事故を大幅に減らせるようです。乗客の安全に資するとともに、明らかに鉄道会社の利益になります。同じく駅のベンチが、横臥（おうが）して寝ることはできず、座ることにのみ適したデザインになっているのもそれでしょう。やはりかつては「ホームのベンチで寝ないでください」という表示がありましたが、デザインを変えれば、無粋な注意書きをあちこちに貼りつける必要はなくなるわけです。

オフィス空間やオフィス家具、内装の工夫で仕事の効率を上げたり、会議時間を短縮できたりするのもこの例でしょう。

アフォーダンスとは？

これは「アフォーダンス（affordance）」という概念にも通じるものです。こちらはアメリカの心理学者ジェームズ・ギブソン（一九〇四〜一九七九）が「与える・供給する」という意味のaffordから造語したもので、モノによる「誘いかけ」「引き出し」、人とデザインの対話ともいうべきものです。

例えば、ティーカップの持ち手はそこに指をさして飲むことを誘っています（小指を立てるかどうかは個人の自由です）。ビールジョッキもそのカタチ自体によって、どのように摑むべきかを、案内図なしでちゃんと誘導してくれています。人差し指一本だけさして生ビールをゴクゴクやっている人を、私は見たことがありません。ドアノブや水道の蛇口のカタチも同様です。使いやすいデザインかどうかを「アフォーダンス」ということばで語ることができるのです。

人とモノとの接触面、インターフェイスinterfaceの工夫と言ってもよいでしょう。適切なインターフェイスでもろもろの作業効率は飛躍的に向上します。

このように「リバタリアン・パターナリズム」「ナッジ」「選択的アーキテクチャ」「アフォーダンス」「インターフェイスの工夫」は類似概念です。

人間関係のリバタリアン・パターナリズム

ここまで、モノのデザインが人への適切なナッジになる事例を紹介してきましたが、人と人との関係においてもナッジがあります。

とくに医療では、リバタリアニズムとパターナリズムの極端同士で裁判にもなる例を第6章で紹介しました。

また従来ですと「黙ってついてこい」「黙ってついていきます」というパターナリズムがあり、これに対する「患者主体の医療」「患者の自己決定」「ＱＯＬ」が、「じゃあ、勝手にすれば」という放置になったり、「モンスターペイシェント」につながったりする問題もありました。これは極端から極端への問題です。

そこで、「リバタリアン・パターナリズム」では、対話を重ね、当該の患者のより豊かな選択・自己決定のために医療者側が選択肢を丁寧に説明することを理想とするでしょう。

また、ショック状態・酩酊状態などある種の自己喪失状態にある患者の決定を「自己決定」とはみなさず、好きにすればと放置もせず、寄り添い、本当に患者が望んでいることを引き出し実現することを理想とするでしょう。

受験生の志望校決定に対するアドバイスも適度なナッジがよいのではないでしょうか。「オマエのことを思って言っているんだ、ココを受けろ」「受けてもムダだからココは受けるな」「言うこときかないなら成績証明書を出さないぞ」という「進路指導」がまだまだあるからです（本当です！）。

もちろん、大学や学部学科の特性について、生徒が勘違いしていることもあります。教育者としてもてる情報や知識をできるだけ偏りなく伝えること、また、志望校への合格が厳しそうな生徒に「やめとけ」で済まさず、どうすれば届きそうか、現状の何が問題か、アドバイスをすることが教育面の指導者ではないでしょうか。

対比思考で現状を打開する

アメとムチ

人間の行動を引き出す伝統的な手法は、「動機付け」と訳されることの多い「インセンティブ」でした。

インセンティブは、伝統的な経済学や経営学の用語です。通俗的な表現なら〝アメとムチ〟です。英語なら〝キャロット&スティック〟です。ニンジンとムチで馬を走らせるイメージです。「ナッジ」とはずいぶん違いますね。

社員のやる気を引き出すために経営者側が、昇進や昇給をちらつかせる、あるいは実践するのがアメ。降格や減給をちらつかせる、あるいは実践するのがムチです。

また、消費者の購買意欲を誘うようにオマケをつける、各種ポイントをつける、マイレージがたまるのもインセンティブです。ほかにも、法令に罰則をつけて、社会の運営を効果的にするのもインセンティブです。

これらと比べることで、リバタリアニズムでもパターナリズムでもなく、さらに〝アメとムチ〟のインセンティブとも異なる発想としての行動経済学、「リバタリアン・パターナリズム」「ナッジ」がどのようなものか、あらためてイメージできます。

もちろん、方法論の一つとしての「リバタリアン・パターナリズム」「ナッジ」ですから、何でもかんでもコレでいけると万能視する必要はありません。

同様に、リバタリアニズムやパターナリズムを用済みとする必要もありません。メガネとしていつだって使えます。

日本を代表する道徳哲学・倫理学者である加藤尚武さんは、『応用倫理学のすすめ』の中でリバタリアニズムだから美徳を失うとは決めつけられないこと、高度な自由主義と美徳は両立しうると指摘しています。ともあれここでは、どれもアイディア発想のメガネのラインナップと考えましょう。

インセンティブも〝方法論的アメ〟〝方法論的ムチ〟として考察してみましょう。

ちなみに「相手にしてほしい行動を引き出すためにアメを出す、相手のしてほしくない行動を止めさせるためにムチを与える」というインセンティブの発想は、「相手

『応用倫理学のすすめ』加藤尚武 丸善

徹底した自由主義者であることと立派な人格者であろうとすることは矛盾しないと加藤さんは語ります。それを「ミルを読むとともにジェーン・オースチンを読むこと」と印象的に表現しています。ジェーン・オースチンは、『高慢と偏見』『エマ』で知られる英国の作家で高潔で人徳ある人物を描く。

にとってよいことは強制し、相手にとってよくないことは強制的にやめさせる」というパターナリズムと類縁関係にあるとも言えます。アメもムチもちょっと上から目線ですよね。

ともあれ、いくつか例を出してみます。

ペットボトルや空き缶・空き瓶のポイ捨てをなくすインセンティブには、まず「ムチとして罰金刑を科す」があります。一方、アメとしては換金される、いわゆるディポジット方式が考えられます。シンガポールではなんであれゴミのポイ捨てには厳しい罰金が科されます。

めったに見つからないから平気だとなめられないように、一罰百戒方式にするのが有効です。見せしめということではなく、一〇〇回に一回しか見つからない確率だったとしても、その一回きりでもポイ捨てなんかしなければよかったと、ずっと後悔させるほどの高額罰金にするのです。

一方の換金も、一〇円や二〇円ではなく、少なくとももう一回商品が買える金額ないしはポイント還元にする。もっと大胆に、ペットボトルの飲み物を一一七〇円で売り、ボトルを返せば一〇〇〇円ないし一〇〇〇円分のポイントになるなら、街じゅうからポイ捨てされた缶・ビン・ペットボトルはなくなります。

電車内に放置され、あっちにゴロゴロ、こっちにゴロゴロという空き缶やボトルがありますが、このディポジット方式なら奪い合いになるでしょう（そもそも捨てるヤツがいないか）。

通勤ラッシュの緩和策——東大ロースクールの入試問題2

さて、東大のロースクールの入試問題を紹介します。

電車の通勤ラッシュの緩和策を複数挙げよ。

ただし、電車の増発、車両の増結、一車両あたりのキャパシティ増などの案はなしです。

朝のラッシュを緩和する策としてもインセンティブは有効なはずです。新型コロナウィルス対策のための非常事態宣言を除けば、単なる呼びかけには効果がありません。

坂本龍馬（イラスト）を起用した東京都のポスターで「東京の朝を変えるぜよ」というのがありました。「龍馬が言うんじゃ、しょうがない、オフ・ピークに協力しよう」という人がどのくらいいたのか検証してほしいものです。

インセンティブ発想なら、ピーク時の料金設定を上げ、オフ・ピーク時（例えば早朝）なら割引運賃にするなどが考えられます。飛行機の〝早割り〟の応用です（もちろん飛行機の場合は、早期予約の割引特典ですが）。個人レベルだけでなく、交通費を支払っている雇用主・経営者側も社員の出勤時間の改革に関心を持つでしょう。

似た事例に「万引き防止呼びかけポスター」があります。もう何年も前ですけど、当時のグラビアアイドル〝アッキーナ〟（南明奈（みなみあきな）さんです）を起用したもので、そのキャプションは「万引きの罪はオッキーナ」です（ダジャレ?!）。交番や警察署などに貼ってあるのを見たことがあります。これから万引きしようかなと思っている中学生などがこれを見て、「アッキーナが言うんじゃしょうがない。やめておこう」などと改心することを期待してよいのでしょうか。むしろ何らかのインセンティブを設定すべきでは。

育児休業をどのように推進するか？――日本とフランスの違い

育児休業についてもインセンティブは有効と思われます。日本では、民間企業であれ、公務員であれ、八〇～九〇％の女性が育児休業を取得していますが、男性では民間であれ、公務員であれ五～六％です。しかもその大半が一週間以内の休みにとどまっています。

「改正育児・介護休業法」（二〇一七年施行）によれば、男も女も正社員以外の非正規雇用労働者でもパートさんでも、休暇を取れる「権利」があるとされています。

しかし、インセンティブの仕組みが不十分であるため、ほとんどの男性は取りません（取れません／会社が取らせません）。

どういうことか。「改正育児・介護休業法」では、育休を拒否した企業に対して、下記のような罰則規定が一応あります。

- 厚生労働大臣による報告の要請および助言・指導・勧告
- 企業名と違反内容の公表

・20万円以下の罰金

しかし、そもそも従業員側から育児休業の申請がなければ「拒否」もない理屈になってしまいます。

出生率が二・〇以上に回復した実績をもつフランスでは何をしたか。従業員に子どもが生まれたら、男性女性問わず、二週間の育児休業を取らせる「義務」が会社側（雇用主側）にあります。罰則付きです。つまり有効なインセンティブの仕組みがあります。「権利があります、取りましょう」という呼びかけではポスターと同じです。そうならない仕組みがここにはあります。

個人の自立という考え方が強いフランスであっても、従業員の立場は雇用主側に比べれば弱い。このことを見込んだ制度設計になっています。

内部告発者をどのように守るか？――日本とアメリカの違い

次に、公益通報者保護法（二〇〇六年施行）の例を挙げます。企業不祥事や官庁不祥事が内部告発で発覚することがあります。これをチクリではなく「公益通報」としてその告発者を守ろうという法律です。

組織内の不正は内部告発がなければ、なかなかわかりません。しかも集団主義的傾向のある日本の組織では、内側からは声は上げにくいと想像されます。しかし、ものによっては、広く国民の健康や安全を脅かしうるのですから、勇気ある内部告発者は「公益通報者」として、その組織による仕返しから保護しなければいけません。法律にも内部告発者を解雇、降格から保護するとの趣旨が盛り込まれています。ところが違反に対する刑事罰がありません。つまりインセンティブがないのです。

もともと不正に手を染めるような組織が、その告発者に対してどんな仕打ちをするか、想像するだけで戦慄します。「保護」する法律が実際には守ってくれない。では、法改正して罰則、つまりムチのインセンティブをつけるべきでしょうか。

組織の不正を告発した係長がいたとして、係長のまま、給与も変わらず、左遷もされず（そういう仕打ちをする組織に罰が下るから）めでたしめでたしでしょうか。でもきっとこの係長を取り巻く空気は冷たいでしょうね。飲み会には誘ってもらえない、通達事項がなんとなくスルーされる……針の筵（むしろ）というのでしょうか。

もともと自分で不正を追及したくらいですから、そんな会社や組織なんかこっちから辞めればいいのでは。「でも生活が……」「家族が……」ということがあるでしょう。

では法改正するならアメのインセンティブでどうでしょう。

アメリカでは、内部告発をホイッスル・ブローイング（ここで不正発生中と笛を吹くこと）と呼び、告発者にその貢献度に応じて報奨金を出す不正請求防止法があるそうです。そうかそれならブラックな企業に居続ける必要はないわけです。

法律の背景にある考え方の違い

育児休業を労働者の「権利」とするか、雇用者側の「義務」とするか、公益通報について雇用者側に「罰・ムチ」を与えるか、通報者に「報奨・アメ」を与えるか、頭は使いようってことですね。

日本では、アメもムチもない、つまりインセンティブのない法律が散見されます。

例えば、動物実験の国際三原則を取り入れた「改正動物愛護管理法」があります。三原則は、実験に使用する動物の数の削減、代替法の活用（細胞だけ培養して実験に使い、まるまる生きた動物を実験には使わないなど）、苦痛の軽減（やむなく生きた動物を使う場合でも麻酔をするなど）から成ります。現在のところ、動物実験は必要だからこそルールを定めたということでしょう。

しかし、日本ではこのルールに従わなかった場合の罰則がありません。EU圏内では罰金刑だよという規定があります。

日本の法律にはなぜ罰則規定がないのでしょうか。「日本の研究者はマジメだから罰則などなくてもルールを守るから」かもしれません。「科学者教育、技術者倫理（テクノエシックス）がいきとどいているから」かもしれません。

では、EUではなぜ罰則規定があるのでしょうか。罰を科さないとルールは守られないから？

そうではないと思われます。この罰則規定は、研究者向けというより社会向けです。つまり、動物愛護団体とりわけ動物実験反対派を含む、多彩なメンバーから構成される社会に向けたコンセンサス（合意）形成のためでしょう。「三原則を定め、罰則までつけてしっかり管理している。だから医療目的の動物実験は認めてほしい」ということです。EUでは、化粧品開発目的の動物実験はもはや禁止です。これも医療目的の方は、認めてもらうための譲歩でしょう。

同様の例に「ヒト・クローン」の産生禁止があります。「ヒト・クローン」を認めると臓器移植用の奴隷人間をつくるようなものですから世界中で禁止です。日本でも

「ヒトに関するクローン技術等の規制に関する法律」（二〇〇一年施行）がありますが、罰則規定がありません。EUでは禁固刑という規定がついています。

ちなみにSF作品の中では、密かに「ヒト・クローン」をつくっているなんてストーリーがあります。カズオ・イシグロの『わたしを離さないで』がその一つですし、ユアン・マクレガーとスカーレット・ヨハンソン主演のアクション映画『アイランド』（マイケル・ベイ監督 二〇〇五年）もそういう作品です。ネタバレは慎みますが、エンターテインメント性の高い、おもしろい映画です。

ともあれ日本の法律では理念的なものほど、インセンティブがなく呼びかけレベル・ポスターレベルになっています。

人間の行動を導くために具体的な賞罰を用意するのがインセンティブの発想でした。今取り組もうとしている事柄には、アメが有効なのかムチが有効なのか、両方とも有効なのか、両方とも有効ではないのか。これらを想定することで発想の幅が広がります。伝統的な経済学・経営学の発想法ではありますが、分野によってはかなり使えます。

翻って「リバタリアン・パターナリズム」のナッジは、露骨なアメやムチを用意し

『わたしを離さないで』カズオ・イシグロ 早川書房

綾瀬はるか、三浦春馬、水川あさみ出演でドラマ化もされています。筆者は2017年にノーベル文学賞受賞。ちなみにノーベル文学賞辞退で有名なのがフランスの哲学者・小説家、ジャン・ポール・サルトルです。「アフリカで子どもが飢えているときに文学は何ができるのか」という問いでも有名です。

ないで、それでいて個人の選択が、当該の個人にとっても社会にとってもよいものとなる仕組み・アーキテクチャを考えます。洗練されたという感じがあり、やってみたくなります。

こうして第6章・第7章・第8章と学術用語が、日常でもビジネスでも発想法に使えるということがわかっていただけたと思います。

おわりに

司法試験関連および大学受験の講義や著作物などを通じ、私が実践してきた方法論があります。そこでの発想方法が、ビジネスをはじめ広範な応用可能性をもつと評価してくださり、本を出しませんかと、出版企画を斉藤俊太朗さんからいただいたのがほぼ一年前です。

その後打ち合わせを重ね、方向性を具体化し執筆を開始するころ、新型コロナウイルスの感染拡大という事態となりました。

予期せぬ事態にあっても、編集者としての適切なガイドをしてくださり、おかげでほぼ滞りなく原稿を仕上げることができました。この場を借りて感謝申し上げます。

当初は、私のアイディア発想法だけでなく、各現場でそれぞれの発想法を実践している多彩な方々にインタビューし紹介することを計画していました。弁護士・大学院生・大学教授・大学職員・養護教諭・建築士・バー経営者・大企業の役員・システムエンジニア・一等航海士……感染症への懸念から今回は見送りました。

また、静岡県立駿河総合高校の山本史朗先生には、教育委員会出向時の寄稿論文

（「静岡で富士山」という〝ウルトラ・ベタ〟なテーマでオリジナリティを出す実践例）を頂いたのに今回は紹介できませんでした。

もしも本書に「続編」が生まれる機会があれば、これらを含め多彩な領域での取材を実践したいと考えています。

なお、この「あとがき」を書いているタイミングで、犬塚壮志さんの『理系読書』（ダイヤモンド社）が発刊となり、筆者直々に著書をいただきました。書籍の評価方法として、読者はそれぞれの課題解決のためにその本の方法論が役立つかどうか実践してみるべきだとのメッセージがあります。そこまでしてこそ読書は完結し、本は読者の血肉になると。

本書の読者にも、ぜひこれを実践していただき、どのような具体的状況でどんな対比的思考をし、どんな成果が得られたか、得られなかったか、検証の声をお聞かせ願いたいと思います。

グローバリゼーションの波、高度情報化の波、大国の自国中心主義の波に加え、感染症パンデミックの波を受けて、私たちはこれまで当然視していたものを再考する必要に迫られています。本書で提示した対比という思考法は、状況によらずほぼ普遍的な思考方法ですが、一方、このような状況だからこそ柔軟な対比的思考法が多くの方々にとって希望の光となりうると信じて書いてきました。同時に、私の論考自体が、知の光＝ルックス・ウェルターティスたりえるか自ら検証の目をもちたいと考えています。

二〇二〇年一〇月　港町、横浜にて　小柴大輔

[著者]

小柴大輔（こしば・だいすけ）

1967年、静岡県出身。上智大学大学院哲学研究科博士前期課程退学。リクルート「スタディサプリ」講師・Z会東大進学教室講師。担当科目は、現代文・小論文。辰已法律研究所で法科大学院受験生を対象とした一般教養小論文を指導。「対比」「言い換え」の考え方に代表される方法論で、一見難解な問題文をクリアに読み解く講義が知的な興奮を呼び起こし大好評。「現代文は知の宝庫だ!」と気づく受講生や社会人に熱く支持されている。著書に『読み解くための現代文単語［評論・小説］』（文英堂）、『小柴大輔の1冊読むだけで現代文の読み方&解き方が面白いほど身につく本』（KADOKAWA）、『偏差値24でも、中高年でも、お金がなくても、今から医者になれる法』（共著・KADOKAWA）、『全国統一適性試験対策ロースクール適性試験パーフェクト』（共著・辰已法律研究所）、『東大のヤバい現代文』（青春出版社）等がある。

対比思考

——最も シンプルで万能な頭の使い方

2020年11月24日　第1刷発行

著　者——小柴大輔

発行所——ダイヤモンド社

〒150-8409　東京都渋谷区神宮前6-12-17

https://www.diamond.co.jp/

電話／03･5778･7233（編集）　03･5778･7240（販売）

装丁————井上新八

本文デザイン—松好那名(matt's work)

校正————円水社

製作進行——ダイヤモンド・グラフィック社

印刷／製本—勇進印刷

編集担当——斉藤 俊太朗

ISBN 978-4-478-11038-6